U0490554

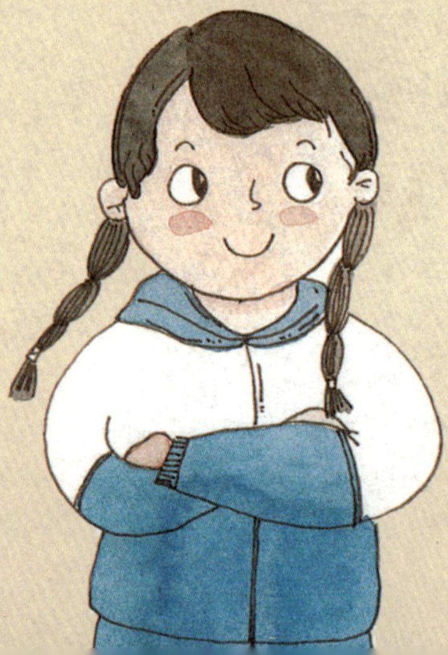

路蜿蜒，向北大

——非典型学霸成长记

卫群 著

民主与建设出版社
·北京·

© 民主与建设出版社，2021

图书在版编目（CIP）数据

路蜿蜒，向北大：非典型学霸成长记 / 卫群著. --北京：民主与建设出版社，2022.3

ISBN 978-7-5139-3982-9

Ⅰ．①路… Ⅱ．①卫… Ⅲ．①高中生－学生生活 Ⅳ．① G635.5

中国版本图书馆CIP数据核字（2022）第183060号

路蜿蜒，向北大
lu wan yan xiang bei da

编　　著	卫　群
责任编辑	刘树民
封面设计	国鑫鑫道
出版发行	民主与建设出版社有限责任公司
电　　话	（010）59417747　59419778
社　　址	北京市海淀区西三环中路10号望海楼E座7层
邮　　编	100142
印　　刷	廊坊市博林印务有限公司
版　　次	2023年2月第1版
印　　次	2023年2月第1次印刷
开　　本	690毫米×960毫米　1/16
印　　张	18
字　　数	280千字
书　　号	ISBN 978-7-5139-3982-9
定　　价	68.00元

注：如有印、装质量问题，请与出版社联系。

目录

一　刚开学就输在了起跑线上　1
二　当不幸沦为"有问题"的个别同学　7
三　要命的课堂纪律问题　11
四　值得反思的"思想问题"　17
五　人生从中考就开始改变了吗　22
六　腹有诗书气不华　27
七　家长会让人险些迷失自我　34
八　我很"二"，我是中考生　40
九　悲欢离合女儿经　47
十　假日非分之想　52
十一　如此"耿直"　58
十二　有关学习的若干真相　64
十三　微信群是个生态圈　70
十四　奇怪的脂肪瘤　76
十五　久炼成铁　82
十六　年关难过　88
十七　挣扎于语文的泥淖中　94
十八　纠结的寒假生活　100
十九　十五岁的人生多歧路　106
二十　新学期从举目无亲开始　113
二十一　中考前接受挫折教育　119

二十二	非典型学霸	125
二十三	你选择高冷还是温暖	131
二十四	及笄之年也是志学之年	137
二十五	老师口中的"学习状态"到底是什么	144
二十六	初三生活单调，如何获取作文素材	150
二十七	在医院里感悟爱与痛	157
二十八	好心态出奇制胜	166
二十九	定风波·体育中考	172
三十	"然后"之后	180
三十一	儿时玩伴何以刀剑相向	186
三十二	做了过河卒子，只能拼命向前	193
三十三	从经典阅读中我们能获得什么	200
三十四	成长有没有加速度	207
三十五	学文耶，学理耶	213
三十六	当家长的你，会用微信表情包吗	222
三十七	人生需要错题本	231
三十八	为名所累	239
三十九	学霸以及学霸人格	245
四十	马太效应——关乎成绩和友谊	253
四十一	抹掉眼泪就长大	261
四十二	成人礼有感	267
落幕		274

一　刚开学就输在了起跑线上

女儿今年上初三，但她的初三是从今年"十一"长假后才真正开始——当然，我指的是思想意识上。

初二漫长的暑假结束后，是"九三"阅兵假，之后又有中秋和"十一"的联袂长假，孩子所在的学校原本计划好的每周六补课也迟迟没能兑现，我心里暗自感慨，今年初三的孩子命可真好。

"十一"之后，学校安排了本学期的第一次月考。考完，我询问女儿成绩如何，女儿抱着她钟爱的小说，头也不抬地说："还行吧。"一切如常，我这样判断。

几天后，我意外地收到了班主任老师的短信："家长您好，请您于本周二下午三点到教学楼四层参加家长会，会议内容：主要针对开学后一个多月的学习情况进行汇报。"凭着一个中文专业毕业的人对文字所特有的敏感，我觉得，这条短信的行文与惯例召开家长会时接到的通知的文字有几分不同，其中似乎隐含着些不详的意味，伪装后的陷阱？不会吧？

晚上回家后，我询问女儿有关家长会的事，她竟微微涨红了脸，惶急地眨着眼睛："啊，什么家长会？不知道啊……"看来，她说不知道是真的，而这次家长会也绝非学校统一的规定动作。此宴非好宴，乃鸿门宴也！我暗自判断。

当天晚饭后，我和老公商议此事，老公淡定地说："不意外啊，看她每天写完作业就看小说，聊QQ，能考好才怪！呵呵，别紧张啊。呃，那个，我看这次家长会还是你去吧，我去就得开车，他们学校门口又没地方停车，再被贴了条！这样，你去开，散会后我去接你……"有商有量的，态度极好。

晚上，女儿在房间里写作业，我端了盘水果进屋，赫然看见她的书桌上摊着个纸条，我一眼认出那是张成绩条——这次月考的成绩条？！

我抓起来一看，不禁心里像有块巨石从高处呼啸着坠落，我的心被砸向深渊，深渊之后是地狱吧？——绝不是孩子之前说的"还行"，不仅不"还行"，可以说很不行，较她平时的成绩，在年级的排名大幅滑落了近百名！

进一步坐实了，此番家长会指定一顿狗屁呲在劫难逃了！

周二下午，我在指定时间到了学校，走向教室时，我发现在我的身前身后各有一、两位家长，微低着头，神色凝重，步履匆匆，我想，此刻的我大概也是这副德行吧。

教室里，十几张桌子已经摆成了圆桌会议的架势，家长们顺序坐好，有两位家长到得晚了，轻轻地敲门进来，脸上既有歉意又有怯意。我不禁慨叹，唉，都是因为这些熊孩子。再志得意满的人，在此时此地，也必定敛了目光，屏了呼吸，其身形也还要不自觉地矮上一矮。

人到齐了，我环顾会场，共有十六位家长：十四位妈妈，两位爸爸。唉，看来，心理脆弱的也不仅仅是白豆她爸。

班主任首先发言，明确了这次会议的内容主要是针对本次月考中的退步生，说明情况，敲响警钟。

之后，各科老师分别介绍了本次考试的情况以及各位熊孩子的不良表现。这所学校向来以校风纯正、老师严谨负责著称，各科老师都很有涵养，批评点到即止，即使这样，轮到女儿考得较差的科目任课老师发言时，我仍有做贼心虚之感，十分忐忑。评点到自己孩子时，家长们完全认可，频频点头；提问时，态度谦恭；文不加点，认真记录，老师的每句话如同金科玉律。回想自己当学生时，也没这么驯顺过吧。

最后班主任发言，煞是振聋发聩——某熊孩子现在是操场上唯一还在踢球的初三毕业班学生；某熊孩子放学不赶紧回家学习，反而还在等要好的同学做完值日一起走；某熊孩子体育成绩甚差，还不主动找老师加练；某熊孩子……与这些孩子形成鲜明对照的是，学霸们拼命地用挤出的每一点一滴的时间做题、答疑；很多孩子还在用智能手机，而王某某等学霸级孩子都只用功能机，等等，等等，不一而足。

听着老师声如洪钟，条分缕析地历数白豆在内的一众退步生的斑斑劣迹，我内心犹如黑云压城，不禁暗自感慨，初三真的来了，不是以春天的脚步，袅娜地、诗意地姗姗而来；更似一阵疾风暴雨，劈头盖脸地砸将过来。准备充分的，化身一只在风雨中搏击的海燕，享受勇者和智者的荣光；如在座我辈者，算是被砸了个趔趄；更有甚者，或许有被击倒在地的。那句话咋说的？掩埋好学渣不堪的过往，擦干无用的泪水，爬起身来，继续向前——学霸不等你，中考不等你，生活也不等你。

回家后，我虽极尽克制，但还是中等强度地爆发了。女儿一副躺倒挨锤的驯服模样。老公时时在门口探头，投他女儿以心疼、投我以忧虑的目光。自认我家的家庭氛围总体宽松，我们对孩子在学习上也一向无苛刻要求，所以今晚的气氛算是少有的冰冷压抑了。

没考好还可忍，撒谎尤其不可忍！啥？还行？这成绩也叫"还行"？！为什么撒谎，这涉及道德品质，决不能姑息迁就！我面色峻厉，言辞如刀如霜。白豆立刻泪如雨下，哽咽半晌，才泪眼婆娑地小声争辩道："不是故意要撒谎的，呜呜，我想你看到这成绩该多伤心啊，呜呜，我想等下回考好了再告诉你实话，呜呜……"

立刻，心，软了；眼，湿了。

良久无话，白豆边擦拭眼泪，边偷瞄我的脸色。此刻，面对孩子的善意，我心绪复杂难言。我轻轻拍了拍她的肩，打发她回房间写作业，白豆转身无言地离去，身形瘦小，马尾辫在脑后轻轻地摆动，微削的肩就像她此刻的心境。孩子，这次你虽然不够诚实，但我相信你的真诚和善意，如果换个环境，你会是个好孩子吧？如果换个环境，我，应该也不会是如此不堪的妈妈吧？

晚上九点多，女儿从洗手间出来，说有点拉肚子。她爸一边忙着找药，一边小声对我说："别说她了，看，孩子都吓得拉肚子了。"得，好人又让他做了。

尽管有种种的不忍，总不能就此放纵。中考输得起，人生输不起。

我想你看到这成绩该多伤心啊，呜呜，
我想等下回考好了再告诉你实话，呜呜……

接下来，手机收缴，电脑限制使用，文学名著嘛——呃，也暂停吧。女儿不服气地小声嘟囔："那我的生活还有什么意思啊……"我当然理解，从小到大，读书是她生活中的重要内容，因为书，她成为她；因为书，生活成为生活。

但是，生活中的许多内容可以改变，生活中有不得不去跨越的高山，有不得不去面对的冷漠现实。孩子，初三也是一本书，一本枯燥难啃的书；初三也是一种生活，一种需要忍耐的，艰难却不能沉沦、无法逃避的生活——它是你以往所看到的生活的另一副面孔。

我知道你还没有准备好，所以你才委屈不平，但是，等这一切都过去，你也许将会成为更好的自己，并由此发现生活更美的图景。将来，希望。

整完虚的，该整点儿实在的了——题总是要刷的！开机，下单，练习册买两本够不？要不，三本？……咦，女儿一直想看的小说降价了，咳咳，忍住！动心忍性，万不可有妇人之仁！我也要成为更好（？）的自己……

二　当不幸沦为"有问题"的个别同学

白豆极爱使促狭。一天课间，班上一个不苟言笑的男学霸，嘴里含满了一口水陷入沉思，白豆悄悄上前，出其不意猛然伸手一拍学霸的两颊，学霸猝不及防，一口水"噗"地喷了出来，白豆早哈哈笑着跑开。

白豆初一时突发奇想要自学日语，央告我给她买了两本日语书，学了些三脚猫的本事。未几，竟然把同桌——一个爱看日本动漫的男生发展成了自己的学生，经常在自习课上私相授受。一次被班主任逮个正着，两人被勒令抱着作业本到教室外的窗台上写作业。白豆学校的教学楼只朝阳的一面有教室，另一面是宽大的窗台和敞亮的窗户，这里光线充足，空气新鲜，视野甚好，可一直望向操场。许久，老师认为对白豆们的惩罚已经足够，于是出来检验惩罚结果："怎么样？这里写作业舒服吗？"老师问，同桌未及张口，缺心眼的白豆不假思索，脱口而出："很舒服啊。"唉，完全是作死的节奏啊。

初二时，语文老师布置了篇作文：评价鲁迅。多数孩子遵循传统的官方立场，对鲁迅卓越的文学成就、深刻的思想以及硬骨头精神给予了高度评价。此前，白豆曾了解到鲁迅包办婚姻的妻子朱安凄凉落寞的一生，并为此打抱不平；此时，她对比大学者胡适终其一生与其发妻——小脚女人江冬秀不离不弃的人生经历，对鲁迅的私德大相挞伐。这篇作文被老师充分肯定，并给了高分，白豆因此扬扬自得，殊不知，她的问题由此肇始。

此后，白豆在多篇习作里有意标新立异，不同凡响，以示自己特立独行，个性十足。久之，有意唱反调竟成为白豆的一种思维定式，此法也屡屡得手。

但是，出来混，早晚是要还的。终于有一天，乐极生悲，大祸临头了。

初二第二学期期末语文考试的大作文题，是要求学生写一篇有关阅读的文章，题目不限。白豆的阅读经历算得上是丰富了，自小到大，在我的引导下，总有了几百本的阅读量，她介绍的作品，常常能够在班里引起一阵阅读的小小风潮。看到这个题目，白豆顿时感觉正中下怀，于是文不加点，一挥而就，感觉好得爆棚。

白豆当时正对日本文学心醉神迷，川端康成、芥川龙之介、三岛由纪夫、松本清张等的作品给了她前所未有的新奇的阅读体验。于是，在这篇考场作文里，白豆吐沫横飞地大谈川端的唯美、芥川的冷酷、三岛的幻灭，等等。

意外的是，白豆这篇令她自己志得意满的作文只得到了30分（满分40分），相当于满分制的七十几分，这在白豆来说算得上是空前的重创了。白豆的第一反应是不服气，拿着卷子找老师申诉。老师一方面对她这篇作文优长充分肯定，同时也痛下针砭——为将来计，为中考计，这样的选题具有很大的风险，不可鼓励。

没了指点江山的豪气，没了好为人师的傲气，永远神气活现的、话痨似的白豆乖乖地闭了嘴。

一次，在跟白豆语文老师的交流中，老师这样评价白豆："这孩子阅读量大，文学修养好，但是，"老师笑着指了指自己的头，"她的问题在这里。"我理解老师的用心，老师是对孩子极度负责的，所以，老师应该是对的。

作文事件暂时平息。但依我对白豆的了解，她的问题仍然没得到彻底解决，她早晚会重蹈覆辙。可是，我连自己都没能说服，又该如何去劝导她呢？何况，即使解决了，对她今后的人生来说，这究竟是利大于弊还是弊大于利？虽说人生没有标准答案，但是，识时务者为俊杰，我的白豆，你能理解妈妈和老师的良苦用心吧？

毕竟是孩子，不过一两天，白豆就又恢复了她叽叽喳喳的话痨本相，每天快乐地、率真地、无厘头地过着她的险象环生的初三生活。

班上的一个男生总被同学讥笑太"娘"，甚是苦恼，一个课间，这个男生在楼道里徘徊，忽见白豆眼神散乱地迎面晃了过来，男生上前没头没脑地问白豆："你说，我'娘'吗？"白豆翻了翻眼睛，也没头没脑地回答："你'爹'！"说罢，扬长而去。自己过后想起，笑得不亦乐乎。

白豆和班上一个要好的女生都是体育渣，每到大课间跑步就犯愁。白豆叹息道："我真羡慕张学霸啊，学习又好，体育又好。"好朋友劝慰道："可你看她的生活多没意思啊，又不会弹琴（白豆钢琴九级），又不会画画（该女生美术特长）。"白豆一想，也对，转忧为喜。这时，大喇叭里传来年级组长的声音："今天天气和空气质量都很好，长跑多加一圈！"白豆轻叹一声，"唉，我还是先羡慕一会儿能跑的学霸吧……"

三　要命的课堂纪律问题

初三、重点校、实验班，一个身上贴了这三个标签的孩子，竟然课堂纪律还是大问题，这样的孩子应该也算奇葩了吧？

白豆不幸就是这朵奇葩。

一次，班主任用 iPad 拍了张照片发到家长群里——看情形像是在上自习课，孩子们都各自埋头在课桌的书本、卷子里，只在画面中心位置，一个女生大幅度地扭转身子，跟后面的同学说得热火朝天。从后脑那条标志性的、又黑又粗的大刷子，我一眼辨识出，这逆天的丫头正是我家白豆！

老师只发了照片，却不置一词。唯其不言，则更令人难堪。我赶紧在群里检讨自己教子无方，更言之凿凿要对白豆严加管束。这张照片在微信群里的反响并不热烈，事不关己的家长占绝大多数，只是潜水，看个热闹。这样一来，我那条痛心疾首的回复就显得尤其扎眼，唉，家有不肖之女，奈何，奈何？

晚上，我将此事汇报给豆爸。在对白豆的教育问题上，我跟豆爸一向存有分歧——他总嫌我直抒胸臆、电闪雷鸣式的管教过于简单直接，每次也收效甚微。在他心目中，白豆是个情感丰富细腻的孩子，更适合春风化雨式的无形感化，摆事实，讲道理，以情动人，以理服人，方为上策。

哼，讲大道理谁不会？你闺女也得吃你这套啊！我暗自腹诽。

"今天这事，你负责啊？"我准备脱身。

"当仁不让！"豆爸这次鲜有地表示出踌躇满志且当仁不让。

说来也巧，我家对门前两月刚搬来一对母女。一次，快递将给他家的一箱子沉甸甸的货错送到了我家，交还给他们时，顺便聊了几句。母亲告诉我她女儿在附近的一所区重点中学读高三，快递来的纸箱里是别人送的满满的复习资料。

此后，每当清晨，我开车送白豆上学时，总能看到那个母亲骑着电动自行车送女儿上学。母女俩似乎都是比较沉默内向的性格，很少看到她们交谈，上车，走人，熟练，无语。女儿个子比母亲高很多，身上的校服宽大，越发衬得母亲的身形瘦小。天色亮得越来越晚，气温也一天天降了下来，寒风瑟瑟，吹动母女二人的发丝，女儿拱起两肩，微微瑟缩；母亲尽管瘦削，腰却挺得很直，就这样渐渐远去。不知为何，这样的场景常令我肠热。

除此之外，平时再难见到这个女儿，当然是在家用功无疑。我和豆爸都这样判断。豆爸觉得这应该能成为对白豆进行思想教育的生动案例。

次日晚饭，豆爸特意做了白豆最喜欢的糖醋排骨，大概是想努力营造出一种宽松和谐的氛围。白豆照例情绪好，胃口好，在糖醋排骨的感召下，情绪似乎较平日更好——话更多更密了。

趁白豆大快朵颐之时，豆爸寻机插话，开始从对门的高三大姐姐讲起，然后过渡到学习的态度、做事的原则，乃至人的尊严（说实话，照片事件是挺伤自尊的），说得白豆频频点头。"其来也渐，其入也深，"我心里暗暗称许，"豆爸一个理科生还懂这个！"

眼见白豆心服口服，进展似乎出奇地顺利，豆爸脸上现出几分得意之色。

"就比如你考钢琴九级的时候，"豆爸开始启发式教育，"白豆你想想，九级啊，那可是中央音乐学院业余钢琴考级的最高级别啊，成千上万的琴童里，能考下九级的凤毛麟角。如果那个时候你不是每天苦练五六个，甚至七八个小时，怎么会那么轻松地就考下来了呢？"

边吃边频频点头的白豆，此刻竟忽然显出几分不好意思，真听进去了？！我不禁心中暗喜。

"咳咳，"白豆吐出嘴里的一块骨头，笑嘻嘻地，"我说老爸，都这个时候了，你就别再夸我了，多让人不好意思呢！"

豆爸顿时语塞，套用一句柳永的词："竟无语凝噎"啊。

我好容易忍住才没有笑喷出来——此时此刻豆爸脸上那副悲惨的表情实在令我不忍！

白豆心情愉悦地享用了糖醋排骨，而计划好的，春风化雨式的说教则无果而终。

过后，豆爸一脸困惑地问我："是不是我的表达有问题？"我安慰他："真不是，是咱闺女的耳朵主观性太强，凡事都有选择地听，人家只听她想听的。"豆爸沉默半晌，说："也好，这孩子将来不管遇到什么事肯定都不会得抑郁症。"我说："没错，估计得抑郁

症的是咱俩。"

说白豆没心没肺，也不全对。一天，白豆竟主动对我说："老师调整座位，把我周围的同学都调走了，而且还把座位都拉开了，所以，我现在上课已经不说话了。"

"真的？"我半信半疑。

"当然。"白豆十分笃定地点头。

月余，初三第一学期的期中考试临近了。据说，这次考试由区里统一出题，之后，有全区第一次大排位。其重要程度不言而喻。我的神经立刻陡然紧张起来，对白豆又少不了一番谆谆叮嘱，不外乎又是"人人向前，不进则退"之类的话，这种场合，白豆每次都态度极好地表示铭记在心。

　　临考试仅有不到一周的时间了，这天，由班主任发的一条小视频出现在家长微信群里。似乎还是自习课，大多数孩子在俯首用功，只在画面中心位置的三个女生分别与隔壁同学聊得热络，白豆再一次赫然其中！

　　这次，老师对视频做了文字说明："是从监控画面截取下来的，这是今天化学大练习后的自习时间。大部分同学都能抓紧学习，但是仍有个别同学效率低。"

　　这"个别同学"是谁，不言自明。

　　我用微信把这条视频转发给豆爸，并附言调侃："今晚要不要再吃一顿糖醋排骨？"

　　半晌，豆爸回复："看来，对这个孩子，目前最好的办法就是等她慢慢长大。"

　　啥意思？投降了？尽管纠结，我也不得不承认，只得如此。我和豆爸终于在现阶段，就关于白豆的教育问题达成了一致。

　　晚上，我把小视频给白豆看，白豆边看边指着其中的另一个女生说："看，她原来是我同桌，呵呵，咋聊得比我还起劲呢？"真是屡教不改啊。

　　第二天，白豆放学回家，到厨房看看晚饭还没做好，竟从书包里摸出几条巧克力大吃大嚼。"怎么买这么多巧克力，咱家的还没吃完呢。"我说。

白豆说:"不是买的,是老师给的。"

"老师给你的?"我狐疑地看着她,"你上课说话,老师没批评你,还给你巧克力?"

"嗯,"白豆点头,"上课说话的今天都被罚做值日,我做得最卖力,走得最晚。所以,别人都只得到两条巧克力,老师给了我四条!"白豆炫耀地扬了扬手里的奖品。

"老师没找你单独谈话?"我一再追问,小视频事件实在让我难以释怀,也很怕白豆在学校挨呲,毕竟是女孩子,唉。

白豆翻着眼睛想了想,"嗯嗯——大概是,"白豆忽然立起一只手掌做砍刀状,"把我的各种问题收集齐了,养肥了再杀,就像这样!"白豆的那只悬在半空中的手掌凌空用力劈了下来,我不禁心头一凛。白豆笑弯了眼睛,轻松愉悦得完全像在说别人。

我暗自叹息,我的孩子,你何时才能长大?

白豆:我已经不记得上初中以来因为课堂纪律差被可怕的班主任批评过多少次了。班主任用了调座位、约谈等各种方式试图解决,可是,我不好意思地表示:确实收效甚微。

大概是天性使然,我总是不愿意拿出十分正经的态度做事,或许也正是因此,我也在我的学习生涯中收获到了更大的快乐吧。

四　值得反思的"思想问题"

自打白豆的语文老师指着自己的头,对我说:"这孩子的问题在这儿!"此后,这"思想问题"就在我心里投下了阴影,更时时如梦魇般侵袭着白豆和我。

在刚刚结束的期中考试中,白豆其他各门成绩都上升明显,唯独之前最拿手的语文完全陷落:满分 120 分,只拿到了 86.5 分。这个成绩甚至低于全班的平均分,在年级里也排到了近 200 名。

在之后的一篇《我如何学习语文》的随笔中,白豆痛悔地写道:"上了初中后,我膨胀得更加厉害。看完《基督山伯爵》后和别人谈起,发现对方连大仲马是哪国人都不清楚,还满心以为《茶花女》出自大仲马之手;自己崇拜得不得了的芥川龙之介和勃朗特三姐妹对很多人来说就如同氢氧酸一样陌生。捧起课本,自觉其中的小说不如茨威格的精彩;说理文不如叔本华的深刻;还有些散文更是看得我啼笑皆非;觉得作家们矫揉造作得不行,真是'贵人眼高'啊……"

在对自己的傲慢心态痛加挞伐之后,白豆表达了此刻自己的彻骨的失败感:"于是我狂妄地抬起手,却一巴掌扇在了自己的脸上。……我摔在地上,连抽搐的力气都没有,一败涂地……"

我相信,这些文字是白豆真诚的内心表达,而不是夸张的文学语言。

曾经看过一则笑话,前两年的语文高考试题中曾选中了一位作家的散文作为阅读部分的考查。作家自己也尝试作答,结果连一半的分数都没有拿到。其中有这样一道题:文章开头写窗外正在下雨,请问如此写法有什么作用?作家回答说,我当时写作的时候,窗外确实在下雨……

白豆的语文老师在她这篇忏悔文的最后写了热情洋溢的评语:"在我眼中,你是少有的语文素养非常好的孩子,只是需要脚落地,踏实下来,一步一个脚印,走稳每一步,你必将在语文天地中大放异彩!"我想,要想"大放异彩",刷题恐怕是免不了的了,这孩子不会从此对语文失去兴趣吧?

期中考试结束,下一次月考还没来,利用这短暂的喘息之机,白豆又捧起了她钟爱的小说,甚至还给她计划要看的书排了序:先是《百年孤独》,再是《铁皮鼓》,之后是《我是猫》……

多余担心了,这孩子一向热爱的都是文学,而不是语文。

这或许也是一种历练吧,让孩子们知道这世上本无所谓完美,张爱玲说,生命是一袭华美的袍,上面爬满了虱子。所以,不应苛责孩子,不应苛责语文,不应苛责中考。

莎士比亚说过,性格即命运。也许,一切都是天定。

白豆班上的一个女生,一个像白豆一样成绩中等却性格率真的孩子当堂直言不讳地指斥学霸的虚伪,依据是:每次考试前,学霸都会虚情假意地说自己没复习，刚考完又会说自己考得多么糟糕，但是，一发成绩，他们的分数又远在他人之上。为什么一定要这样欺骗别人？为什么就不能大大方方地承认自己努力复习并且考得不错呢？次次如此，这不是虚伪是什么？她的发言博得了班上孩子的一致赞许，气氛变得异常热烈。这时，班上的一个男学霸竟至于抽抽噎噎地哭了起来，班主任老师见此情景也急忙出面打圆场说，可能是对自己的要求比较高吧，学习好的孩子尽管考试成绩不错，但在他自己眼里可能并不理想，云云。

还有一次，在英语课上，学霸讲述老鹰如何在悬崖上以巨大的勇气和忍耐力撞断自己的喙，之后长出新喙以获得重生，以此为例，表达作为初三的学生，理应卧薪尝胆，动心忍性，以浴火重生的决心投入初三的残酷竞争。这自然颇得老师的认可与欢心。可就是有一群不识相的学中、学渣大唱反调，说什么这事纯属子虚乌有，证据是，如果老鹰撞断了自己的喙，它也必将因头骨断裂而死。学霸又举羚羊为例，说羚羊群在迁徙过程中，如果遇到沟壑，必有一只老羚羊主动跳进去以身填壑，以自我牺牲精神保护群体的安全迁徙。学中、学渣们又大摇其头，理由是：羚羊压根不是群居动物，所以这种情况绝无可能发生。中等生以及学渣们又占了学霸们的上风。是看问题的角度不同，还是学渣们存心与学霸作对？问题出在哪儿呢？

恐怕都是缘于对成绩的过分看重。害怕自己失手，所以学霸们精神高度紧张，甚而事先营造舆论，为自己预留地步，长此以往，才变得心口不一，乃至被指斥为"虚伪"；非学霸们即使能够接受自己与学霸间成绩的差异，却鄙视学霸的言行。成绩将孩子们分隔成不同的阵营，一部分情商高的孩子变得世故、圆滑，另一部分则与之龃龉、敌对。这样的现实环境中，青春期的孩子们每天浸润其中，耳濡目染，这样的生活教化，比那些高尚的语文教科书来得更加直接、生动、有力，细想之下，令人胆寒齿冷。

白豆在班上不敢如此锋芒毕露，但在家里对这种现象也颇多揶揄。一次，她预设了两个情境，然后模拟老师的表现：

情境一：中午，最后一节课下课铃响，一学渣一学霸同时手握饭卡第一时间冲出教室，老师会这样说：某某（学霸）多会抓紧时间，他一定想的是赶紧吃完饭马上回来学习；而某某（学渣）跑得这么快，心里只想着吃！

情景二：下午放学时，一学渣一学霸同时背着书包，弯腰驼背地往家走。老师会这样说：某某（学霸）背这么多书回家，一定回去好好学习。而某某（学渣）连路都不好好走，还能干得好啥？

白豆手舞足蹈，绘声绘色，演绎到最后，连自己都笑喷了。我和豆爸也相视莞尔，回头一想，我家白豆在老师眼里应该就是那第二个某某吧，那个只想着吃和连路都不好好走的孩子？

孔子说，有教无类；孟子说，人人皆可以为尧舜。两千多年了，理想仍然是理想，永不过时。中国古人就是伟大，传统文化就是厉害，看来，我们大家都应该好好学习语文才是。

又要挨说了，呜呜……

五　人生从中考就开始改变了吗

　　期中考试结束后，北京迎来了长达一周多的雾霾天气。开始两天还是轻度到中度污染，白豆学校没有叫停每天初三毕业班的例行长跑。男生的1000米，女生的800米对很多孩子来说都是困难的项目，对于白豆也是一样，目前的水平也仅仅是达标而已，离满分相去甚远。白豆从小就从我这方面的家族基因中遗传了过敏性鼻炎，遇雾霾天更容易犯病。于是我叮嘱白豆空气质量差的时候尽量不要长跑，白豆很听话，每次都找理由免跑，大概是鼻炎的滋味实在难受吧。

　　之前，不记得从哪里看到一句话，叫"高考改变人生"。说的是一些寒门子弟通过拼死努力，赢得高考，从而改变自己出身的不利，进入社会的主流阶层。这尚可理解，但如果说，人生从中考时就要改变，相信很多家长都会和我一样难以接受——似乎才是昨天，刚把羊角辫梳成马尾辫，却还动辄说傻话、冒傻气、看动漫打游戏到入迷、脸上开始零星地冒出些青春痘的孩子，难道就要面临人生的转折了吗？

　　在我的心里，希望白豆永远是那个大大咧咧、丢三落四、眼眸纯净、阳光明媚，健康欢脱的孩子，所以我才会叮嘱白豆不必勉强长跑，无须用健康换取成绩。像我这样的家长应该会是大多数吧？我臆测。

但白豆的人生还是在悄然发生着改变。

我家阳台上的花草不少，但品种极单一，大多是一种叫"落地生丁"的花。这种花极易繁殖，一开始只是一棵，经白豆不断地分盆、浇灌、栽培，如今已蔚为大观，几乎摆满了阳台。有朋友问，为啥你家阳台只养这一种花，而这花，看上去也并不名贵啊。豆爸呵呵笑道，没办法，闺女喜欢啊。

从小时候起，阳台就是白豆的天地。还是上幼儿园的时候，白豆在幼儿园学了"清明前后，点瓜种豆"的民谚，回家就从我家的杂粮罐里拣出几颗豆子，先是认真地浸泡，浸泡过程中勤劳地换水，等豆子发芽就种进蓬松的土里，轻轻掩埋好，再浇上水。此后每天早上起来第一件事就是去看望她的豆子们。终于有一天，一抹嫩绿顶着豆皮从土里钻出，白豆既快乐又惊讶，从那稚嫩的绿芽中，白豆感受到了生命的神奇。从春到秋，白豆不辞辛劳地照顾着她的宝贝们，爬蔓、开花、结出豆荚，每一点变化都令白豆惊叹不已。终于，豆荚成熟了，白豆小心翼翼地摘下豆荚，轻轻掰开，意外的是，豆荚里竟然只有一粒豆子。一颗饱满的黑豆躺在白豆白胖的手心里，看着悲喜交加的白豆，我和豆爸忍俊不禁，我还改了唐朝诗人李绅的《悯农》一诗调侃："春种一粒豆，秋收一颗籽，四海无闲田，白豆犹饿扁。"

白豆种花种豆，从中见证生命的过程。那一阳台虽不值钱，却生机盎然的葱郁葱绿，给了白豆宝贵的生命体验，她的身体与内心

春种一粒豆，
秋收一颗羽。

也随之不断向上，生长。而到了初三，白豆已经忽略它们很久了。阳台，很久没去了，那一抹绿色也从她的眸子里消失了。给花们按时浇水成了我的工作，我暗自叹息，这孩子，变了。

　　被白豆忽略的还有她的钢琴。虽然从小学琴是父母主张的，但白豆渐渐也能从中寻找到属于她自己的乐趣。比如，她会把自己喜欢的日本动漫主题曲的谱子从网上搜到，打印下来，自己在家练熟，然后到学校弹给同学们听。白豆学校教学楼一层大厅里摆着一架三角钢琴，孩子们可以随意弹。当熟悉的、优美的音符从白豆指端流泻而出，周围的同学们发出阵阵赞叹，白豆内心无比得意。没人规定弹钢琴不能嘚瑟啊。那一刻，坐在琴前的是因为音乐而变得更好的白豆。

　　如今，家里的钢琴已经沉寂很久了。之前，白豆总是催促我说，钢琴有的琴键音不准了，要找人调音。我虽然答应，却总是忘记。现在，白豆已经不再理会这事，这琴，不调也罢吧。

　　白豆上小学时有两个关系过硬的闺蜜，小升初时，三个孩子最终上了三个不同的中学，但一直保持电话联系，家里的座机几乎成了她们的专属热线，每次通话至少时长一小时，最后也都是在双方家长的反复催促下才恋恋不舍地放下话筒。之前她们聊天的内容不外乎是小女生们关注的那些事，什么哪科老师好，哪科老师不好；什么食堂的伙食；什么别的同学的近况；后来还会涉及男朋友之类的隐秘话题。如今，孩子们的话题就只是区里统考后，各自的成绩如何，各科难度怎样，各学校判卷子的尺度掌握，以及排名等，如果没有达到自己本校的录取分数线，则又不免怅惘。孩子们的所思所想确乎在改变着，这样的改变，也显明了孩子们当前所承担的压力，于十四五岁的他们来说，这是前所未有的。

　　我家窗前有一棵柿子树，是白豆爷爷当年搬家到这里时种下的，至今已有三十多年。白豆在这个家出生，在这个家长大，这棵树在她眼里，是一道与生俱来的风景，再自然不过了。白豆也最受这棵树宠爱，每年秋天结出的柿子，家里的老人们也都先尽着白豆吃，余下的才分给别人。白豆爷爷去世后，每年的柿子没人去摘，结果竟招来许多的喜鹊啄食，自己啄食还不算，竟还立在枝头大方、卖力地呼朋引伴，结果引来众多喜鹊聚餐。在几次喜鹊们的盛宴之后，果实累累的枝头变得残败、凋零。秋风飒飒，几粒硕果仅存的金黄色柿子在风中颤动，勉强维持着这个季节应有的丰收局面。白豆对喜鹊的劣行气愤不过，自己找了把梯子费力地爬上树，尽管拼了全力，也只能够到最低处的树枝。心怀不平之气的白豆生生地从最低的枝头拽下来几个柿子给自己留下，剩余的鞭长莫及，也只能望洋兴叹，白豆边跺脚边安慰自己说，哼，就权当我做慈善了吧。

前几天，门前要修消防通道，柿子树被锯掉了。

白豆放学时，我告诉她这个消息，出乎我的意料，这个性格十分外向的孩子，只是"啊"了一声，又立刻跑到阳台去看，看毕，竟未发一言。

后来，我发现，这件事还是在她的心里激起了不小的涟漪。

那是在她这次期中考试后，她把试卷带回家，我发现，她在语文试卷的作文部分写了这棵柿子树。作文的题目是：有你的日子，春风十里。

白豆在文中不无依恋和感伤地回顾了柿子树在十四个春秋里带给她的种种美好，最后在结尾中写道："有你的日子，春风十里。只是，那已经成为我再也回不去的曾经——"

看到这里，我心里一动，这最后一句，似有无尽的寓意和寄托，孩子，你在与自己过往的岁月挥别吗？

你见，或者不见，中考就在那里，不悲不喜；

你念，或者不念，岁月就在那里，不增不减；

你跟，或者不跟，孩子的手就在未来的手里，不舍不弃。

就这样吧，放手，或者不放手；放心，或者不放心——我们的孩子以及他们的人生，就在这段特殊的日子里悄然改变着，如东逝之水，无可奈何，无可逆转。

六　腹有诗书气不华

我家有两个顶天立地的大书架，还是当年我和豆爸结婚的时候特意选了好的木料、板材找木匠打的，20多年过去了，尽管负累沉重，但一直没有变形，我和豆爸也经常感慨真材实料的价值。白豆渐渐长大后，为了鼓励她读书，我们特意给她单独置办了个小书架。从小商品批发市场买来，当时也不过才几十元钱，材质也非常一般。但白豆却十分看重，高高兴兴地把自己的书从公用的大书架上挪到自己的专属书架上。之后，每隔一段时间，白豆会把书架整理一番——将自己看过的、如今在她眼里已显得十分幼稚的书拿下来，将新买的书替换上去。被撤换下来的书，我会不定期地带着白豆寄给青海、贵州等边远落后地区的小学。

这次白豆撤下的书包括《哈利波特》全套、《窗边的小豆豆》等在内的二十几本，换上的多是海明威、欧亨利、莫泊桑等的作品，这是现阶段她的最爱。整理完毕，白豆看着已新意焕然的书架，双眸晶莹闪亮，志得意满，不无得意地说："妈妈，看我的书架，是不是很有格呀？"没等我回答，白豆又眉头一蹙，"妈妈，我就不明白了，都说腹有诗书气自华，我都看了这么多书了，为啥气不华

28

路蜻蜓，向北大——非典型学霸养成记

我都看了这么多书了，为啥气不华呢？

呢？"我好不容易才忍住笑："呃，大概是你看的有关传统文化和古典文学的书还不够，所以自然缺乏一种雍容闳深的气度，换句话说，仍然有点'二'。"

"哦——"白豆若有所思地点头。

过后，我把白豆"腹有诗书气不华"的苦恼告诉了豆爸，我俩又偷笑半晌。但很快，我俩，连带白豆就都笑不出来了。

这次期中是全区统考，白豆的语文大失水准，语文老师找白豆谈人生（孩子们管老师找个别孩子谈话叫"谈人生"）。老师素知白豆喜看名著，大概是这个理由太过硬了，老师实在不好横加指责。于是，老师小心翼翼地问："最近还在看名著吗？"白豆点头称是。老师又问："你觉得现在看名著对考试有帮助吗？"鉴于此次成绩实在拿不出手，白豆明显底气不足："呃，作用越来越小了，"这样说完又极不甘心，马上补充道，"不过不看还是不行。"老师又耐心地用征询的语气问："你看你这次期中考试语文的成绩很不理想，能不能暂时先把小说放放，目前先加强应试方面的训练？"好汉不吃眼前亏，白豆勉强点头算是应承下来。

晚上回家，白豆跟我探讨还能不能继续读她喜欢的书，此时，她正对海明威着迷。我知道，一本《丧钟为谁而鸣》正静静地躺在她的书包里。我相信，即使再理性的妈妈，也绝不会对孩子那迷惘、渴望又期待的目光无动于衷——那是一个孩子迷惘于当下由于惨烈竞争而导致价值观错乱的目光；那是一个孩子渴望阅读、读好书的目光；那是一个孩子期待身边至亲至敬的人支持的目光。我，点头应允，但严格限定了每天用于阅读的时间。

白豆雀跃着跑了。我心里竟涌起一阵感动，多单纯的孩子，她雀跃，仅仅是因为她得到了阅读的许可，她为此而喜悦，而幸福。而当这样的雀跃呈现在成人身上时，通常都是因为什么呢——升官了，加薪了，股票涨了，还是双"十一"时买到了便宜货？最近，"不忘初心"这话很火，网上有很多人在用。如果当真能不忘却我们的孩子那样的纯净初心，相信在一天天变老的我们，也能找寻到生命中真正属于我们自己的幸福，因而举止从容，笑容真诚，目光温暖。

　　晚饭后，白豆伏案专心致志地写作业，写完作业并完成复习后，她可以利用睡觉前的时间看小说。我刚刚在网上又给她订购了海明威的短篇小说集《乞力马扎罗的雪》以及《老人与海》。我相信，良好的阅读习惯以及高尚的志趣将会令孩子受益终身。老师说，现在距离中考只有两百多天了，唉，就让孩子们的幸福再飞一会儿吧。

　　之前白豆的语文老师也下发了中考要查考的名著范围，我印象里有《格列佛游记》《骆驼祥子》《三国演义》《水浒传》《红岩》等。这些书中，《格列佛游记》白豆早在小学低年级时就读过了，如今已归于"幼稚"一类；《三国演义》和《水浒传》白豆极艰难地读完，且毫无阅读快感。我对此也深表理解，这类打打杀杀，推崇暴力权谋的小说，对女孩子来说实在无趣，我小的时候也对这类书很不待见。唯有《骆驼祥子》，白豆很是喜欢，其中那些地道传神的北京土语常令白豆大笑不止。相信有相同审美趣味的孩子绝不是少数。

　　阅读有如品尝美食，爱吃的吃不到嘴，是种煎熬；不爱吃的非要生吞活剥，更是痛苦。一方面是应试的大背景，一方面又高调提出要弘扬中华民族优秀传统文化，因而有了这种古今结合、中西搭配的一刀切的阅读要求，并正式成为中考的考查内容，真令人无语且无奈。

我对白豆所在的中学的管理者们很是尊重，因为学校为了培养孩子们的读书习惯，煞费苦心地做了很多工作。除了正规的图书馆外，学校还见缝插针地在楼道里安置了很多书架，在大厅里设置了颇具情调的书吧。因此，在学校里，读书是一件很方便的事。有些家里没有的书，白豆就是在学校看的。有阵子，白豆喜欢上三毛，读了她的《撒哈拉的故事》。班里还有个男生，长得五大三粗，却跟白豆有同样的志趣，或者说，比白豆更甚，读到三毛那些在失去荷西后写下的痛彻心扉的文字，竟至呜呜哭了起来。白豆眼见此状很是不解，回家跟我讨论："都说现在的男生太'娘'，还真是的，怎么就至于哭成那样？"

我说："大概这个孩子比较易感吧。不理解吧？所以你才'腹有诗书气不华'嘛，就知道成天傻乐。"我调侃她。

白豆耸耸鼻子，不服气地说："哭得像个傻子气就华了吗？"

之后发生的一件事证明白豆说的是对的，哭得像个傻子确实"气不华"。

一天，给我远在海南躲避雾霾的老爹老妈打完电话，我忽然心血来潮地想到了自己。白豆一天天地长大，我跟豆爸却一天天地老去，许多年以后，我们也会像这样不时接到白豆从远方打来的问候电话吧。于是，我模拟年老以后的心境和情境，写下了这首诗：

爱我的人，

老了——

残存的白发和多皱的皮肉在深秋飘摆萧肃；
我爱的人，
走了——
粉色的童真和淡蓝的襁褓穿不透风霜几度，
鲜艳的运动鞋踏着节拍
上路。
热热烈烈的海誓山盟
变成了迟迟疑疑的相濡迟暮；
僻静处
经年的蛛网
也是一种生命的态度。
耳聋眼花，
却能听见内心，
看清来路。
无晴无晦，
无霜无暑。
摸摸索索，
你掌心的温度。
你说，
来，这里是回家的路……

我把这首诗写在了一本《诗经》的封底内页里，白豆一天乱翻书的时候看到了，跑来问我是啥，我有意想试探她的反应，说："就是我和你爸老了以后的惨状呗。"白豆听言,竟一秒钟没耽搁,立刻号啕大哭起来,高声大嗓,一把鼻涕一把泪,完全返祖到幼儿园水平,岂止"气不华"啊,简直是不害羞!我实在哭笑不得,连忙打岔,好容易才把这事混过去。

过后,我细想起来,不禁感叹,这孩子,虽然没溜儿,心可真是软啊。

也罢,气不华就气不华吧,能从阅读中化育出一派悲悯心肠,从好书中习得一份做人的真纯善良,值了!

七　家长会让人险些迷失自我

　　初三第一学期期中考试后的家长会，召开时间比预计晚了整整一周，据说是为了等全区的排位表。在这之前，网上已经出现了若干版本的排位表，按照这些表，白豆上本校并无十足把握。白豆安慰我（实则是在安慰她自己）说，他们学校这次整体成绩不高，因为判分从严从重。难道别的学校不从严从重吗？我疑惑。

　　白豆的这次期中成绩虽然还没有达到她历史上的最好水平，但较上月月考，已经有了明显提升，至少不至于因为成绩而难堪，甚而招致横祸。至于区排名、上本校，那是以后才要考虑的事，不急不急。以这样的心态，白豆心安理得地进入了"后期中"状态——放松。我也默许了，生活里总该有这样的日子吧，可以吃零食、发呆、看动漫、和小伙伴们吐吐槽。这可以视作是生活的奖赏——马戏团里的狗熊表演完一个节目，还得给块糖吃呢。这就是学生阶段的生活节奏啊，由紧张到放松，再到紧张，……周而复始，循环往复，当你对极度的紧张和极致的放松都感到厌倦了之后，你就长大了。长大了的你满怀期待地进入了职业生涯，生命的板眼变成了 7 天，生活的节拍变成了一年又一年，要么紧张成为常态，要么无聊成为日常。没有成长，只有停滞与衰退，当别人用"成熟"来评价你时，你在别人眼中已然老去。

在二十年的职业生涯中，我无数次地回望自己的学生时代，想重温那"成长"的滋味，那"晓汲清湘燃楚竹"的不食人间烟火的清雅，那"欸乃一声山水绿"的无色无味般清净的喜悦，那有如雨后新竹拔节般富于张力的成长节奏，已杳然，漫漶。

因而，我纵容了白豆此刻的放松，虽然我明知老师们此时一定如有经验的钳工一样，不急不慢，从容不迫并胸有成竹地将孩子们如紧螺丝一般，一扣接一扣地连接、固定在中考这架巨大的机器上。在轰鸣的机器声中，孩子们逐渐熟悉并习惯了自己的位置、自己的生命情状，并最终甘于且极其配合地成了这机器的一部分。

但对白豆这样的孩子，工序恐怕要更复杂，耗时也更长，因为她太缺乏成为一个合格零部件的天然禀赋。她的散漫、不成熟是缺陷，她的知足乐天、开朗豁达的，对她今后的人生无疑十分有利的宽厚天性，如今也成了毛病。需要重新塑形、打磨，最终成为那些齐整规矩的零件中的一个。

在这次家长会上，我和我的白豆将要经受的是捶打还是磨削呢？

家长会定在一个工作日的下午召开。我吃过午饭，便匆匆乘地铁赶往白豆的学校。天气阴冷，空气质量为中度污染，路人都行色匆匆。我上中学时，每个秋天、每个秋日都是俊朗的啊。如今，秋风秋雨愁煞人。

在学校门口，家长们把通知单交到门卫手里，大家鱼贯向礼堂走去。

我来得算比较早，找到一个方便拍照和记录的位置坐下，心想，又拍照又记录，好像又干回记者的老本行了。

会议开始。年级组长做开场白，在他之后，将会有六位老师上台发言，这个会一定短不了！

礼堂里没有暖气，寒气袭人。我很有先见之明地带了一保温杯的热水，尽管如此，却也难敌阵阵寒意。

大概是学校有规定吧，七位老师上台发言时，没有一个穿大衣或羽绒服，且个个精神百倍，士气高昂，会议全程三个半小时，平均每人发言时间半小时，虽然不算长，但加上候场的时间，也不算短了。凭此一点，老师们的严谨、敬业精神便足以令我感佩了。

男老师发言的时间普遍掌控得很好，仅用精准的数据说话，简洁有力，重点突出；女老师们的发言多具有浓重的感情色彩，略显冗长，却也感人，说至动情处，台下的一些妈妈不禁举手悄悄拭泪。

每位老师都专门制作了PPT，一些重要数据出现在屏幕上时，台下手机拍照的"咔咔"声便响成一片。此时此刻，每位家长都是一位标准而称职的记者，回家后，又变身为苦口婆心的思想工作者。这种忧患，既沉重又新鲜。

家长会大概是这世上不需要整肃纪律的、为数不多的大会吧？三个半小时间，尽管膀胱早就有压迫感，我却绝不敢离开，生怕这中间会漏掉什么重要的信息。当然不仅是我，几百位家长无一中途离场，无人交头接耳，也甚少有人刷手机。如冰窖般的会场里，我竟感受到了宗教般的虔敬、专注与坚忍。这世上，确有一种伟大叫"为人父母"。同时，我感觉无形中，硝烟与隐隐的肃杀之气也从四周向我袭来，并逐渐将我包裹、缠绕、捆绑，我不禁喉咙发紧，心房皱缩。

大会结束后，家长们回到自己孩子所在班继续开小会。利用这中间短暂的间隙，家长们立刻占据了教学楼各个楼层的洗手间。

头天晚上，我特意询问白豆她座位的位置，白豆大剌剌地说："去了自然知道，黑板上会打出座位表，再说，班长也会在门口引导家长就座的。"我想了想，黑板上的座位表？我这老花眼不一定看得清；班长引导？如果家长多的话，人家孩子也不一定忙得过来。还是靠自己的好，我坚持搞清楚了她的准确位置。

进得教室门，见果然有个穿校服的小姑娘在忙着接待家长，我径自找到白豆的座位。刚落座，手机显示有短信进来，是白豆："妈妈，老师让把习作本和大练习的卷子放桌上，可我习作本丢了，大练习卷子扔了，咋办？"后面还打了个一副可怜相的表情。我抬头四顾，果然，别人桌上有本子，有卷子，内容丰富。我的桌上只有两张薄薄的纸勉强撑着门面，纸还很新，一看就是刚刚课上才发下来的。

"找打！"我在心里咬着牙用短信回复白豆。

"真打啊？"白豆开始拼命发表情讨饶。

我收起手机，不再理会她。

家长差不多到齐了，只有一个座位还空着。这么重要的家长会还敢有人不参加？我心里正嘀咕着，一位中年女性姗姗地走了进来，仿佛在自语，又仿佛是对着空气提问："请问，张学雷的座位在哪啊？"音量虽不甚大，但我相信在座的所有人都听得如雷贯耳，贯耳的不是这女子的声音，而是她唇齿间轻巧吐出的"张学雷"这个名字，这是白豆他们年级一等一的超级大学霸！穿校服的小班长赶紧过来，引领她到那个唯一还空着的座位坐下。人们的目光都遮遮掩掩地追随着这位容貌平平的女人，心里想必也都荡起了不小的波澜。在这样的追光下，这女子款款落座。唉，感情女人上了年纪以后，可以不因容貌、不因才华、不因财势而被瞩目、被嫉妒，仅仅是因为有个学霸孩子！这样的女人可以看不见黑板上的座位表，可以看不见唯一空着的座位；这样的女人可以不惧迟到的尴尬，在最后的时刻坦然登场，并享受从几十双眼睛里射出的主角才能享有的追捧的目光！

从学霸妈妈身上收回视线，我的目光又落在我眼前的课桌上，此刻，那两张薄薄的纸片显得格外扎眼。我不禁在心里又咬了次牙。

班主任老师依据这次期中考试的成绩，把班上的同学分成了几类，第一类当然是成绩骄人的孩子们；白豆被归入了第二类，老师总结这类孩子的特点是：不稳定，浮躁，基础不扎实，偏科，对自己要求不高。我仔细玩味着每个词，不由得叹道，毕竟是有经验的老师啊，总结得很到位，这完全是白豆的活写照、真面目。后面还排有第三类、第四类，品质逐级递减，能上本校的希望也逐级渺茫。

家长会结束时，已经是晚上六点半了，仍有不满足的家长还围着班主任聊。我的一位也在中学当老师的好朋友跟我说过，老师只关注两种孩子：班上最好的和最差的。中间层通常是最容易被忽视的，多聊无益。我深以为然，于是，作为中间层的家长，我选择了低调退场。

白豆在楼道里等我，见到我，使劲钻研我的面部表情，一个劲地问"老师都说什么了"。家长会的时间太长了，连一向大剌剌的她都开始不安了。

走出教学楼，冷风一吹，我发热的脑袋立刻变得清爽，心里的阴霾与戾气也立刻消退。置身这样的具有浓重压迫感的氛围中，连我这个成年人都瞬间迷失了自我，更何况一个孩子！

内心的焦灼冷却了，心神也逐渐安稳了下来，我伸手搂住仍在察言观色且神情惴惴不安的白豆，换了我俩之间惯常的、略带轻松的语气："快走吧，你老爸开车来接咱，估计这会儿早就等急了！"我顺手掂了掂白豆的书包，手腕子一酸，竟一下子没托起来。白豆躲闪着："没事儿，不沉。"尽管换了轻松的语气，想必白豆此刻也知道，我内心的重负，未必是一只书包所能承载的。

天色已经完全黑了下来。校门外车水马龙，街道灯火通明。这条街什么时候变得这么热闹了，我竟没有察觉。罗马城不是一天建成的，孩子的成长也需要时间，不想拔苗助长，要期待秋后有个好收成，身为父母就要忍耐、理解并担当，现在——回家！

八　我很"二",我是中考生

近些年的中考一直处于不间断的改革进程中,还时有考核方向性的重大调整。把不准脉,复习无从下手,恐怕是从学校到家长所共有的感受。有人抱怨,有人激赏;我则抱着逆来顺受的心态,让日子尽可能一天天的平静流过,该开花时开花,该落叶时落叶。

唯独,我对将体育成绩纳入中考成绩这一举措称赏不已,倒真不是因为白豆体育有多优秀,相反,她因为个子矮,一直是体育困难户。体质强健与否,是关乎孩子一生的大事,其价值远胜于中考,我这么想。

于是,白豆练得很苦。北京到了秋冬季节,雾霾重重,跑步、篮球都只能时断时续,唯独仰卧起坐对场地要求不高,在家里就能练。这也恰是白豆的弱项,于是我很积极地配合她练习。老师要求每天做两组,每组50个,白豆练得艰难,我也快累垮了。孩子大了,要把她的脚踝牢牢按住真不是件容易的事,何况她每组用时都超过一分钟,到最后,她出汗,我也汗出。做到第二组时,只能叫豆爸帮忙。

眼见中考一天天临近,成绩却提升得很慢,白豆也有些焦虑。她戳戳自己的小肚子,问:"妈妈,我小学的时候仰卧起坐不是问题啊,我现在是不是过劳肥了？"

在学校，白豆也跟要好的女同学一起讨论仰卧起坐与过劳肥的关系。正说得热闹，一个男生走到她面前站住，严肃地审视她半天，白豆纳闷："干啥？"男生："深吸一口气，憋住！"白豆不明就里，瘟头瘟脑地照做了。男生伸出一个指头，戳了戳她的肚子，说："软的！"白豆这才反应过来，大喝一声，和旁边的女生一阵追打，直追得那男生在楼道里哀号着消失。

回家后，白豆仍然愤愤不平。发泄完，也想着要追根溯源，分析一下该男生如此放肆的思想根源。思来想去，白豆终于恍然大悟："哎，他压根没拿我当妹子！"

我正在厨房做饭，不禁背过脸去暗笑。白豆接着表达她的愤懑："哼，要是我们班上那些大女生，他敢吗？可气！"说完，双手叉腰呼呼地喘，仍然一腔意绪难平。我乐得快喷了。

对白豆这种时常犯"二"的事，我早就见怪不怪了，左耳朵进，右耳朵出，只当个乐儿，听过就完，不完咋办？没辙啊。豆爸却是个心重又认真的人，闺女的话从他的耳朵进去，之后就沉重地落在他的心上。"才下眉头，又上心头。"

"唉，"豆爸叹了口气。果然不出所料，豆爸又走心了。"这孩子，什么时候才能长大啊？"

我没接茬儿，明摆着无解嘛。

当然，我也十分理解豆爸的焦灼与担忧。白豆心智的幼稚如果仅仅停留在犯"二"的层面倒还好，生活中粗枝大叶，考试时丢三落四，低级错误层出不穷，加上自制力差，自由散漫，缺乏时间观念等，

路曼曼，向北大——非典型学霸养成记

哎，他压根没拿我当妹子

这给她的成长、给她的升学都带来了不小的困扰和阻碍。

但是,你对着冬天光秃秃的树枝大喝一声"开花!"它就会开吗?除了等待,还要相信——等待时间的奇迹,相信白豆也必有她的春天,而这将她从懵懂中唤醒的春天已然不远。

豆爸依旧愁眉紧锁。依我对他的了解,他一定在酝酿着对他闺女的又一次说教。唉,执拗的,不可理喻的,比山高,比海深的父爱啊。

晚饭是涮羊肉。新买的红外电热炉很给力,锅开得十分热烈,羊肉、肥牛等涮料在锅里欢快地上下翻动。无肉不欢的白豆一边大吃大嚼,一边不错眼珠地盯着电视屏幕。央视综合频道在每天七点的《新闻联播》前会播动画片,今天依旧是白豆喜欢的《熊出没》。看着看着,白豆不自觉地停下手,只顾着盯着电视傻乐。

"咳咳,"豆爸嗽了嗽嗓子。

"开始了。"我心里默念。

"白豆,你这就是不成熟的表现。"

"什么?"白豆瞥了她爸一眼,"您啥意思?"说完,继续盯住电视。动画片里,光头强正被熊二戏弄,白豆目不转睛,半张着嘴,乐不可支。

豆爸:"我的意思是,吃饭的时候看电视不是不可以,但你不能只顾看,却顾不上吃饭啊。"

"哦。"白豆心不在焉地应了一声,还是不错眼珠,也没动筷子。

"大人说话的时候你要认真听!"豆爸加重了语气。

白豆察觉出气氛有变,这才收回目光,动手吃肉。

豆爸觉得自己的教诲似乎有了效果,不禁有些得意:"你看我,专心吃饭,这么幼稚的动画片一眼都不看!"边说,豆爸边抄起啤酒瓶子给自己倒酒,只听得一阵"咚咚"声响,豆爸突然"嗨"了一声,我跟白豆都吓了一跳,定睛看去,原来豆爸竟然把啤酒倒入了面前装涮肉调料的碗里!只见碗里雪白的啤酒沫上,有嫩绿的香菜和葱花漂浮、隐现。我不禁怜悯地看着豆爸,白豆笑得仰倒,边笑边调侃她老爸:"老爸,我说啊,您专心吃饭的时候还是看一眼电视吧,哈哈——"

豆爸此刻的沮丧、颓唐直令人不忍直视。

《道德经》讲:"为无为,则无不治。"看来教育孩子也是如此,无为不是无所事事,而是不做无用功。明知不可为而为之,胆量、诚意、气魄皆可嘉,若无效果,一切归零。

接下来的日子,白豆继续她的中考之路,边"二"边学,边享受着风云变幻的中考之路上,独属于白豆自己的喜怒哀乐、四季风景。

期中考试的波澜渐渐平息,下一次月考还比较遥远,孩子们获得了短暂的宁静时光。

忽而,风乍起!

这天,班主任通知期中考试年级排名进入前三十的同学中午去会议室开会。白豆所在的实验班在年级里具有压倒性的优势,年级前三十名,他们班就占据了其中的十七位!一到中午,超过三分之一的同学"呼啦呼啦"地离开了教室,剩下的同学面面相觑,心里打鼓,气氛紧张、压抑,又很是诡异。

下午上课前,学霸、学佛、学神、学圣们纷纷回来了。大概是老师一再严词叮嘱,面对大家如同狂轰滥炸般的提问,这些孩子个个一脸平静，一言不发。学霸就是学霸，学佛就是学佛，真能管得住自己的嘴，甚至表情！白豆跟人家真不是一个量级的啊。

白豆也开始严刑逼供一个跟她关系熟稔的学霸："快说，都跟你们说什么了？是不是要跟你们签约？"

学霸："没有。"

白豆："那这么半天都说了啥？"

学霸："就说我们这次考得不错，要保持。"

白豆怀疑地："就这？"

学霸坦然地："就这。"

白豆心有不甘："没了？"

学霸朗声答道："没了！"

白豆见问不出她想要的结果，皱皱眉头，心生一条毒计。她神秘兮兮地招招手，让学霸附耳过来："我倒有个秘密要告诉你。昨天，我看见一个小强爬进你的书包里去了。"

"不可能！"学霸大叫，表情既惊恐又嫌恶。

白豆故做真诚状："真的，课间的时候，我亲眼看见它就趴在你的桌上。我以为是死的，就用笔捅了捅。没想到，它活了，噌噌噌就爬进你书包里去了。然后就上课了，我也没来得及告诉你。快好找找吧，书包缝儿里、笔袋里啥的，估计那东西在你书包里一定也没闲着。对了，是不是光洗书包还不行，得要消毒吧？呃呃，好麻烦啊。"白豆一脸的同情关切。

学霸用冒着寒光的眼睛盯着白豆："我今天晚上回去找，如果找到，它死；如果找不到，哼，就是你死！"

白豆信心满满地:"快回去找吧,一定能找到。"

第二天,学霸一脸阴鸷地来找白豆:"我昨天回家把书包翻了个底朝天,连小强的影子都没有,你是诚心骗我吧?"

白豆翻了翻眼睛,沉思着说:"不对啊,我明明看见它爬进去了呀……噢,我知道了,一定是它产完卵后,拍拍屁股走了。"

说完,白豆窃笑着径自扬长而去,剩下心绪复杂的学霸独自在风中凌乱。

九　悲欢离合女儿经

豆爸曾经不止一次饱含深情地追忆过白豆上幼儿园及小学低年级时，他放学去接白豆的情景：一出园（校）门，白豆一眼看见爸爸，立刻两眼放光，笑意盈盈，张开双臂，向小鸟儿一样不管不顾地向豆爸扑了过来。豆爸也早已伸展双臂迎接，然后顺势接过女儿的小书包，一幅倦鸟归林的温馨画面。天冷的时候，白豆会十分自然地把手伸进豆爸羽绒服的口袋里。豆爸温暖的大手握住白豆幼嫩的小手，两人一路有说有笑地回家。大人所谓的天伦之乐，孩童所谓的父爱如山，尽在其中。

我相信，这温暖的一幕会永远驻留在豆爸的内心深处，在今后几十年的岁月中，不断回望，细细体味，咀嚼着生之欢、爱之切。唯独遗憾，孩子不可避免地总要长大。白豆也是一样，尽管与同龄的孩子比起来，白豆要幼稚、外向得多，但也约略有了少女的矜持。上了中学以后，每逢放学，白豆出得校门四处张望，在学校门口攒动的人头、车流中，一眼发现了豆爸，心里想必还是欢喜的，却抿住嘴角，有意地抑制了笑意，低头向豆爸快步走来。这孩子，已经开始在意别人的目光了。这让豆爸欣慰于白豆的长大，同时，又暗暗地引以为憾。成长，意味着距离。

可喜又可悲的是，白豆的矜持隐忍，仅能勉强维持在有第三者存在的场合。只要一钻进车里，或者一走进家门，一进入只有父母和她单独相处的空间，白豆立刻故态复萌，各种犯"二"和放纵，两种模式无缝切换。

这天也是如此。冬天天黑得早，我下班回家，换完衣服赶紧做饭。一边忙乱，一边不停地看表，都六点了，怎么这父女俩还没回来？是因为堵车，还是白豆又被老师留下了？白豆是班里的生活委员，要值守班里的值日，粗枝大叶的白豆时常会忘记自己的这份工作，也因此挨过罚。

心里正嘀咕着，门铃响了——回来了！

白豆一进门，见我已经到家，喜笑颜开，边脱羽绒服边开说。按我家的规矩，进得家门后，要先洗手，然后换衣服，这两个规定动作做完，才能干别的。白豆进门就开聊他们班今天发生的各种趣事，眉飞色舞，乐不可支。一眼瞥见我刚炸出来的丸子盛在盘子里，香气扑鼻，想伸手捏一个吃，又忌惮没有洗手。于是挓挲着两手，嘴里仍然说个不停，眼睛却一下一下地瞟那丸子，看得我又可乐又可气。我忍不住打断她道："你今天作业不多吗？"此乃我惯用的杀手锏，一句话，让正天马行空的白豆立马从云端栽回到现实。白豆愣了愣，一跺脚："妈妈，你咋这么不会聊天呢？"说完，进了洗手间。我暗笑。

做完规定动作，白豆进了自己的房间。清蒸鱼还需要些时间，我估计白豆饿了，就用小碗盛了几个丸子给她送去。推开门，见白

豆已经坐在了桌前，面前作业本和练习册摊开着。白豆全身笼罩在浅淡的杏色灯光里，从侧面看去，脸上细小的绒毛清晰看见，令我心生爱怜。"作业多吗？"我这次无比真诚地问。"多呀。"白豆答。音色依然明亮、清脆。我心里叹息着，轻轻地放下碗，走出房间，掩门。

从撒娇到初三中考生，这角色的转换如此迅捷、无情。

我不由得想起白豆的好朋友，曾是一个班上的同学——小艾。

小艾是白豆在初一军训时结识的。刚刚进入一个陌生的集体，白豆既感新奇又有几分怯懦。开朗、大方、温和的小艾令白豆如沐春风，共同的琴童经历又令她们一见如故，两人很快引为无话不说的密友。心无城府的孩子们，交友也是件简单且快乐的事儿。

小艾是个聪明孩子，且多才多艺。小升初时，也是经点招进入的这个学校。但初中的学习生活开始后，小艾却表现得极不适应，几经努力，仍不起色，成绩始终在班里垫底。初一结束时，按照学校的规矩，小艾被从实验班调配到了普通班。

白豆大概也是生平第一次见识到如此残酷的淘汰机制，不由得感同身受。很怕小艾受不了，于是，每个课间，白豆仍然照往常一样找小艾去玩；中午一起去吃饭。如果碰到一个班没有下课，另一个会主动在教室外等待。渐渐地，小艾度过了最初那段不适应的日子，跟新班级的同学关系也渐渐地密切了起来，白豆的一颗心也放了下来。但小艾对学习，仍然心怀畏惧。

　　初二的第二学期结束时，小艾的妈妈得到了在美国进修的机会，小艾要暂时休学，跟妈妈一起去美国了。

　　白豆万般不舍，但，这就是人生。月的阴晴圆缺，她可以熟视无睹；人的悲欢离合，却无从逃避。小艾走以后，白豆第一次对美国这个国家发生了兴趣，她对着地球仪，细细地找寻芝加哥这个陌生的城市。"找到了！"白豆用手指抵住地球仪上的一点，无比欢欣；片刻，白豆回头看我："妈妈，我想小艾了。"眼神和声音里竟有几分凄婉，我只能报之以无奈的叹息："她还上QQ吧？你们可以在QQ上聊啊。"我安慰白豆。

　　真要感谢这个信息交换如此便利的时代，天涯若比邻成为现实。

　　白豆便在网络上延续她与小艾的友情，并分享彼此的生活，尽管这生活已有云泥之别。

　　两个月后，白豆给我看小艾发给她的照片：小姑娘变了，不再是那个像白豆及千百个初中女生那样扎着马尾辫、素面朝天的校服女孩了——贝雷帽、短裙、长筒袜，完全是青春少女的形象；小艾还晒出了她去纽约玩时采购的东西——她喜欢的流行音乐唱片、唇膏、香水。我心里暗暗讶异：这些东西距离白豆至少还有四年的光景吧？环境对人的改变如此之快、之剧，令人惊叹。同是女孩子，究竟哪一种生活更好呢？

　　我又不由得想到我的一个好朋友的孩子"猫"。猫比白豆大几岁，初中时就读北京市一个以管束严苛、课业负担重著称的学校。我那时见过猫，一身肥大的校服挂在身上，刘海长得遮住了一半的眼睛，脸上起了不少粉刺，有的似已发炎，有些红肿。这使得我始终没有看清这个孩子的真实面目。猫的话很少，我们聚餐时只是在一旁安静地吃，低眉顺眼，不动声色地沉浸在自己的世界里，不仅对我们的话题，甚而对周边的一切都不甚关注。

　　初三毕业后，猫的妈妈为猫成功申请到了去加拿大读高中的机会。

　　光阴荏苒，一年后，猫回国探亲，我们几个家庭又聚在一起。再见猫时，猫已经形象大变了，我似是第一次看清楚了猫的长相：原先遮住眼睛的刘海全部向后梳去，露出了光洁的额头；脸上的粉刺消失了，眉毛被精心地修过，婉约精致；灵动的眼睛也细致地描画了眼线，一个女孩子真真切切地出脱、出落在众人的眼前，且竟真有几分猫咪的秀媚精灵，令人惊叹。此外，猫还变得十分健谈，甚至还给白豆这一众小友带了精美的礼物。原来，这孩子竟是个漂亮而又热情周到的孩子呢，我像是又一次认识了这个孩子。又两年，听说猫考入了加拿大名校——多伦多大学。

　　"娉娉婷婷十三余，豆蔻梢头二月初。"从猫到小艾，再到白豆，这些花季的少女，这些正值豆蔻年华的孩子，究竟什么样的生活才应该是你们应有的、本原的生活，究竟什么样的土壤才会令你们绽放得更加美丽？

十　假日非分之想

　　入冬以后，北京频遭雾霾的侵袭。尽管是中考生，尽管中考体育占到40分，白豆的学校也不得不一再取消课间的长跑以及室外体育课；即使在室内上文化课，老师也不敢开窗，四十几个正值青春期、内分泌极其旺盛的孩子挤在有限的空间里，其空气之污浊可想而知。白豆形容说，教室里的空气就如一摊灰色的胶状物，浓重得吸不进，也推不动。

　　上一场雾霾刚刚消散，仅过了一个周末，北京市又未雨绸缪地预告了下一次雾霾。离白豆他们本学期的第二次月考还有三天，当晚六点，北京市终于启动了历史上首次空气重污染红色预警，并建议中小学放假。

　　得知消息时，正是晚饭时间，白豆憧憬地说："真想放假啊！"我和豆爸都笑她痴人说梦。

　　饭后，我的各个微信群里开始不断传出某某学校放假了的消息，这些学校里既有普通校，也有优质校、重点校，白豆他们班的班群里也开始有家长在询问。群里既有家长，也有白豆他们班的老师，包括班主任，所以家长们在此群一向谨言慎行，即使再着急，也只敢旁敲侧击地说其他学校已通知放假云云,不敢直抒胸臆,大概怕影响孩子在老师心目中的形象吧,我这样猜测。

在家委会任职的家长说,学校正在紧急磋商,让家长们耐心等待。

直到九点半,班主任才发布正式通知:放假两天半!老师们紧急准备孩子们在家学习的内容,当日十二点前发到班级邮箱——毕业班老师们的敬业精神再一次令我叹服。

不在家学习的可以选择到校自己,学校每科留一名老师答疑。随即,家长们开始在群里回复自己孩子是否到校,以便于学校统计。大概有十个孩子报名到校自习,我留心看去,其中以学霸居多。

次日清晨,七点半钟,天光仍未大亮。拉开窗帘,乾坤混沌,果然是"雾失楼台,月迷津渡,桃源望断无寻处"。从一大早,就开始有人在微信朋友圈里发有关雾霾的各种照片、链接。"无寻处"的看来不只桃源,还有我们从容淡定的内心世界。

比平时多睡了一个小时,白豆依然流连于梦乡。后天就要月考了,成绩太难看的话,我是不是又要被老师找去开会啊?顾虑到后果之严重,于是,我果断叫醒了白豆,白豆哼唧半天,才极纠结地睁开了眼。

我走出卧室门,突然从身后传来《国际歌》:"起来,不愿意月考的人们;起来,不愿复习的人!……"是白豆在被窝里引吭高歌。唉,起床而已,搞得如此悲壮!学渣与学霸,果然是两种完全不同的物种啊。

我注意到，在白豆班上那些威名赫赫的学霸里，唯一选择在家学习的是垚。他也是白豆比较佩服的学霸之一，这孩子兴趣宽泛，学习之余，时常跟白豆探讨些学习之外的话题，比如歌剧、文学等。孩子们中间最流行的网络用语，垚竟也能准确运用。在他们班的QQ群里，垚十分活跃。很多学霸几乎从不在群里现身，或有偶现真容的，一到考试之前，也纷纷销声匿迹，只有垚依然活跃。一次，白豆十分不解地问我："为什么我聊QQ影响学习，垚却不受影响呢？你看他的聊天记录，都半夜12点了，还说话呢。"

"嗯，"我十分小人之心地揣度，"也许他使用了定点发送功能吧。"白豆摇头；"那也不对，昨天夜里有人问他作文写了多少字，他回答说'700'，这说明他确实在线啊。"

我说:"那就是人家天生精力充沛呗。"

白豆泄气地说:"看来,当学霸也是命里注定的。像我这么能睡的人,只好死心塌地当学渣了。"

我不由得瞪了她一眼,这孩子,给根绳子就往下出溜,天生的学渣气质。

细想起来,学霸未必是命中注定,老师早就说过,善于利用时间是人家的制胜法宝之一。

每天中午午休时间,白豆们各处闲逛,或者午餐意犹未尽,再去小卖部找补些零食、饮料啥的,而学霸们不是在教室自习,就是趴在桌上假寐。

一天,垚在午休,白豆经过他身边,指点着他煞有介事道:"某垚昼寝,子曰:'朽木不可雕也,粪土之墙不可圬也!'"(原文:宰予昼寝,子曰:"朽木不可雕也,粪土之墙不可圬也!"《论语·公冶长第五》)。白豆继续发挥:"你以后就叫'朽木'吧。"垚抬头,睡眼蒙眬地瞥了眼白豆,未发一言,埋头继续睡。自此,"朽木"之名就在班里叫开了,白豆甚是得意——学渣终于占了学霸的上风。

一定程度上,"朽木"之于垚,也算实至名归。这孩子平常表情木讷,性极沉稳,用白豆的话说,同学两年多,似乎只见过他的两副表情:常态的与非常态的,且从未听他笑出声过。垚的成绩也如他的性格般稳定,大小考试始终保持年级前茅,从不失手。白豆羡慕嫉妒恨地称呼人家"朽木",其实垚在年级堪称栋梁之材,更是老师们集体的骄傲。更令白豆们愤恨不平的是,垚还是少数民族，中考享受加分政策。白豆们不由得仰天长叹：老天不公！

在我看来，学霸的养成，与智商有关，也与情志有关。那些天生早熟、生性沉稳的孩子更占优势。当那些做事颠三倒四、丢三落四的孩儿们经历漫长的成长阶段，并在其中不断经受打击、磨削，并屡败屡战，一路挫跌，艰难地走向成熟时，有学霸天资的孩子早已抢先一步占得先机，并迅速形成自己的一套学习方法，在接连的成功中树立自信，并不间断地以一个又一个闪亮耀眼的成绩，反复巩固在老师心目中的地位。学霸们气场强大，稳如泰山；学渣们自惭形秽，摇摇欲坠；加上老师不遗余力的激浊扬清，片刻放大成永远；这一瞬，竟似被延伸成了人生的全部——此时的学霸约等于未来的成功人士。所以，白豆所说，学霸乃命中注定之语似乎也并非完全诞妄。

更有甚者，据白豆考证说，有些星座的人是绝难成为学霸的，比如，她自己所在的双子座——该星座做事不专一，永远流于肤浅，天生缺乏成为学霸的基本条件。但转念一想，垚也是双子座啊，白豆立刻懊恼——"咳咳，他是双子座中的怪胎！"白豆俨然以双子座正统自居。

尽管没有先天的好命，毕竟月考在即，白豆还是乖顺地开始复习了。晚上下班回家，刚摘掉口罩，白豆就欢脱地跑来，一边接我手里的提包，一边叽叽喳喳地向我汇报今天都做了些什么，并且把胸脯拍得梆梆响，赌咒发誓说自己一天都没上网，快无聊死了。

听她如此努力，我心里也不由得有了非分之想：这次月考，这熊孩子的成绩应该有提高吧？《菜根谭》里咋说的？"功夫自难处做去，如逆风鼓棹，才是一段真精神；学问自苦中得来，似披沙获金，才是一个真消息。"白豆终于有了真精神，我就静待她的真消息吧。

　　但是，即使休了雾霾假，即使家里的空气净化器昼夜运转，白豆依然没有躲过雾霾的侵袭。就在月考的前一天晚上，白豆的过敏性鼻炎复发了。看着白豆一把鼻涕一把泪的萎靡样子，我不禁哀叹：啥叫时运不济啊，啥叫命运多舛啊，学霸，的确不是任谁都能妄想贪图的啊，罢了，罢了。

十一　如此"耿直"

一日晚饭，白豆忽做惊人之语："妈妈，我认为，我是我们班最耿直的女生。"

耿直？竟然用到了这个词！其中大有深意啊。

我问："为什么？"

白豆侃侃而谈："原因有三：第一，我言谈举止从不卖萌；第二，我穿衣戴帽绝不骚气；第三，我从不钓凯子。"

听到这儿，我大概明白这个话题的指向了。

"那不耿直的女生都什么样呢？"我问。

白豆道："嗨，就是跟我反其道而行之呗。"

"比如说？"

"比如说，"白豆连说带演示，"但凡说话，必先两手这样托腮做卖萌状。比如说，穿个帽衫不是很平常的事吗？必要揪起领子遮住自己的半边脸。再比如，站立时，必要双脚呈内八字。"

豆爸饶有兴趣地问："为啥要内八字站着？"

白豆颇为内行地："老爸这你就不明白了，日本动漫中的女主人公都这么站！"

"噢——"我和豆爸对视一眼，原来如此，孩子们在渐渐长大啊，除了我们的白豆。

"有男生喜欢这样的女生吗？"我谨慎地问，语气里分明有了侦测、窥探的成分。

"有啊！"白豆夹了一筷子酸菜白肉塞进嘴里，大嚼，仍是一派神经大条的混沌，全然不查我的心机，"据说，只有幼稚的男生才会喜欢这样的女生，成熟的男人大都喜欢我这样的，对吗？"白豆热切地望着我。

我沉吟，该如何回答呢？是小心翼翼地保护，还是猛击一掌令其猛醒？也罢，不破不立，不能让她心存幻想！于是，我笃定地答道："嗯，应该说不管是幼稚的男人还是成熟的男人都喜欢那种不'耿直'的女生，你看最近的娱乐新闻不是接连爆料，有好几个商界大佬都娶了比自己年轻的、风情万种的女人？女孩子太耿直了，未必是好事啊。"

豆爸给我使了个眼色，我知道，他怕我这话太过直接，也许会伤到白豆。

白豆果然面色凝重了，"哦，"白豆缓缓地点头，"看来，男人本来就是一种可笑的生物！"语毕，立刻又夹了一筷子白肉塞进嘴里，有滋有味地大嚼，释然且享受。

这就完了？得出这么个结论，以后怎么办？难道今后一辈子都不嫁人了？都说响鼓不用重锤，我用了重锤，鼓依然不响，莫非这面鼓是实心的？唉，什么心都得操啊。

没过几天，白豆又向我报告了她的另一件堪称"耿直"的事迹。

　　小雪是白豆班上的一名很特别的女生，用白豆的话说，言行举止不甚"耿直"，因而，很令男生心仪，甚至还吸引了高年级男生的注意。

　　这天是小雪的生日。中午，同学们都去食堂了，白豆和她的好朋友菲菲依旧磨蹭到最后。出教室门，两人忽然发现一名高中的男生正把一大包东西往一个柜子里塞。

　　教室外，学校给每个同学配发了一个柜子，放一些日常物品。柜子并不大，因而这个男生费了半天工夫依然未果。白豆注意到，这个柜子是小雪的，这让她俩更是好奇，索性饭都不吃了，站在一旁看热闹。那高中男生努力半晌，终于放弃了，于是转头问她俩："同学，你们能帮我个忙吗？"

　　白豆问："什么忙？"

　　男生："帮我把这一大包棉花糖放在小雪的座位上，可以吗？"

　　哦，原来是棉花糖啊。

　　白豆心中一喜，旋又灵机一动。爽快地答道："行啊！不过，可不可以给我俩一人一小包？"

　　"当然可以！"那高中男生也很爽快，于是顺利成交！

　　白豆帮了那男生的忙，也理直气壮地领取了自己的"报酬"——小小一包棉花糖。

　　据白豆说，之前小雪曾在自己的微信朋友圈里表达过自己对棉花糖的喜爱，没两天，就有男生如此张扬地投其所好；吊诡的是，小雪属意的并不是这个高中棉花糖男生!

听罢,我心里竟颇有些不是滋味。

在我眼里如天使般可爱的白豆,咋就没有一个男生喜欢呢?当然了,面临中考,本来成绩就不稳定,沾上这事更是麻烦!最好的结果是:有男生倾慕表示,但白豆断然拒绝!可惜,竟没有。痴人说梦,白日做梦,总之是当妈的一个遥不可及的梦而已。唉,要说小雪那孩子,也不比白豆漂亮嘛。都是"耿直"惹的祸!

心里这样翻腾了一阵子,我自己想想也觉得好笑,白豆尚且坦然,倒是我这个当妈的先不淡定了。

于是,我试探白豆:"你就没啥想法?是不是也有点羡慕嫉妒恨?"

白豆睁大了眼睛:"羡慕嫉妒恨?为啥?妈妈我告诉你说,那棉花糖一点都不好吃,我还是求了别人帮忙才勉强把那一小包吃完的!真替小雪发愁,那一大包,可咋办啊,真是愁死了!"

我立刻又不淡定了:"白豆啊白豆,我现在可知道为什么每次考语文,你的阅读理解题都丢那么多分?!"

白豆瞪大了眼睛,痴痴地:"为啥?"

我气哼哼地:"因为你永远所答非所问!"

棉花糖事件,对于白豆,如夏日微风吹拂的水面,一阵涟漪之后,水面依然如镜,了无痕迹;她依然懵懂而快乐。倒是对我而言,是个不大不小的刺激。以同龄的女孩子作为参照系,我更深刻地了解了自己的孩子。

此后,每当看到白豆又没心没肺地哈哈大笑,我会在一旁提醒她:"笑的时候让别人看到你的牙龈就已经很过分了,可你,居然能让别人看到你的嗓子眼儿!"

如果这个时候豆爸在一旁,他会以他的方式袒护白豆:"看到嗓子眼儿也可以,只是千万别再让人看到晚饭!"

逗得白豆又是一阵看得见嗓子眼儿的大笑,直到目光碰到我凌厉的眼神,白豆才如梦方醒,匆忙地用手掩住嘴。

提醒的次数多了,白豆会安慰我说:"妈妈你放心,我在学校的时候不这样。我笑的时候,一定会捂嘴的。"

我心里明白,可能吗?要真能做到这一点,白豆也就不成其为白豆了。女孩子,还是不"耿直"的好啊。

所谓物以类聚，人以群分，此话果然不假。白豆在班上的好朋友菲菲，也是个"耿直"的女生。

一天中午，学校食堂发生电路故障，食堂没饭，孩子们纷纷去校外解决。一位男学霸要求和白豆与菲菲同行。

到了饭馆，学霸翻兜，竟然没带钱；白豆看看自己的家当，也仅仅够自己的嚼用；只菲菲平时零用钱多，抽张百元大钞如探囊取物，所以决定，白豆自给自足，学霸则由菲菲来请客。

午饭吃得快活，三人有说有笑地回到学校，正好下午第一节课上课铃响起。

当语文老师抱着一沓卷子步入教室，白豆和菲菲才想起这节课有语文测验，立刻慌乱。

原本白豆和菲菲计划好，想马上吃完饭回来复习的，结果吃得高兴，彻底把这事忘到九霄云外了。

测验的结果是：跟着她俩去蹭饭的男学霸依然高分；白豆的分数勉强可看；菲菲则一败涂地，惨不忍睹，放学后，还被老师留下，触及灵魂地恳谈人生。

事后，菲菲懊丧地说："啥叫赔了夫人又折兵啊，这回我可明白了，我这是赔了饭钱又折分儿啊！"

菲菲比白豆大差不多半岁，也是个"笑看嗓子眼儿"型的"耿直"孩子。白豆也经常把菲菲的糗事讲给我听，听后，我会略觉释然——傻丫头不止白豆一个啊。

呵呵，深呼吸——吐气——放松，保持淡定心态，相信老天爷饿不死瞎家雀。行至水穷处，坐看傻丫头——

十二　有关学习的若干真相

　　白豆班上的学霸可分成若干类型，如均衡型（指各科成绩均均衡优异）、特长型（专指有理科特长）、勤苦型（指禀赋并不突出，但凭勤奋用功，也跻身班级乃至年级前茅）等。细究起来，这种分类也十分含混粗率，根据是：即使是禀赋卓异的所谓"均衡型"与"特长型"的学霸，也不失奋发勤苦。

　　在班上，最典型的"特长型"学霸应该算是斌了。从初一开始，我就不断从白豆口中听说这个孩子经常参加国内甚至国际的各项计算机编程大赛，且在名次上也屡有斩获，令人无比艳羡。但这个孩子为此所付出的一切，说来同样令人唏嘘。

　　据白豆说，每天中午，最后一节课下课铃响起，斌总是手握早已攥在手心里的饭卡，像发炮弹一样第一个冲出教室，在食堂草草解决了午餐，又第一个返回教室；抓起计算机编程的书，又匆匆赶往计算机教室。当斌奔跑的脚步声在楼道里渐渐远去，白豆才慢吞吞地找出饭卡，一边盘算着中午吃啥，一边懒洋洋地起身。直到下午第一节课的上课铃响起，消失了一中午的斌才一路小跑进教室，边喘息，边匆匆找出上课的书本。

斌的数学成绩在全年级都可傲视群雄，据说，他已经完成了高中数学的学习内容。有时候，数学老师会在上课时，特意让斌站在讲台上为全班同学讲解数学难题，斌举重若轻地讲解完毕，如白豆等数学学渣依然懵懂混沌。斌这时便面有得意之色："还不会？这题多简单啊！"此言一出，讲台下顿时炸窝："嘚瑟啥啊？""不是我们听不懂，是你讲得不好！""再讲一遍！"……

此刻，站在一旁的数学老师始终微笑着一言不发，心里大概在一遍遍地嘉许他的得意弟子吧。

但是，在数学课上大放异彩的斌，在语文课上则星光暗淡，惨淡时的斌也煞是可怜。

初二时，语文课进入了写景散文的教学阶段，语文老师便布置了一篇写景散文作为课堂作文。

白豆写这类作文一向信心满满。她虽及不得那些家里豪富，从小便能走南闯北、饱览五洲奇观的孩子，但在我们的带领下，从小也游历了国内多处风景名胜、港澳台以及亚洲的多个国家，所以素材信手拈来，不费踟蹰。正当白豆振臂出袖，饱蘸浓情，准备一挥而就时，却听一旁的斌幽幽地说："写什么呢？真没的写啊。"

白豆不解地问："怎么会没的写呢？就从你去过的地方里挑一个写就是了，多简单啊。"

斌说："我虽然从小在北京长大，但北京的公园我一个都没去过。"

白豆："那外地呢？你不是经常去外地参加比赛？对了，你还出过国呢！"

斌:"不管是去外地还是出国,我都是去参加比赛,比赛完就马上回来了,外地什么样,国外什么样,我其实并不很清楚。"

白豆一听,顿生同情,立刻也替他发起愁来。

片刻,斌忽然脑子里灵光乍现:"对了,我知道写什么了!"

"写啥?"白豆关切地问。

斌高兴地说:"我就写北京的雾霾吧。这两天雾霾这么重,这也是一种景色啊,而且雾霾就在我身边,还不用跑老远去看呢。"

晚上,白豆向我讲述了白天发生的这一幕。这令我和白豆长久太息。在学霸的耀眼光环下,被有意无意遮掩的是一个孩子从小到大,持久而巨大的付出。唯有一次的童年,永不回头的少年,都毫不留情地被一个冷酷的现实目的所锁定。没有公园、草木、蓝天的童真;没有奇遇、见闻与恣意的成长。这样的孩子,以及这样的家长都令人唏嘘不已。

白豆说:"学霸真不容易,我以后再也不说斌'嘚瑟'了。"

我问:"对比斌,你对现在你的人生满意吗?"

白豆不假思索地连连点头。

当你全面认识了一个人,你便学会了包容。这是白豆从斌身上学到的——不是数学题,而是一道有关生命的题目。

学霸的幸福感来自课堂,来自考试,来自老师。

在老师心目中,学霸与一般学生能享有平等地位吗?答案当然是:不能!

同事的女儿就读于西城区一所著名的重点中学实验班,在外人眼里,孩子与父母均极享荣耀,事实却远非如此。孩子在实验班

里属中下游学生，她的成绩直接决定了她在老师眼里的地位以及她所享有的待遇。高三时，一到课间，孩子们踊跃找老师答疑，去得晚的学生常常要排长队。同事的女儿笨鸟先飞，总能抢到前面，这时候，老师只要见到有学霸排在她身后，总是毫不迟疑地越过她，先解答学霸的疑问，之后才轮到她。这样的事情多次发生，如是敏感、自卑的孩子，恐怕会深深地伤及内心，幸亏这孩子开朗豁达，最后竟习以为常，安之若素。

　　高考失利，她上了一所"985"大学的中外合作培养专业，不想因祸得福。这个专业的师资大量来自国外高校，在与平等而亲和的美国老师的不断接触中，她才深刻地体察到自己在高中阶段承受了什么样的不公正对待。如今，老师不知疲倦地给予她温暖如春的鼓励、毫不吝惜的赞美，这些极大地激发了她的学习热情，她爱上了学校、爱上了老师、爱上了学习。野百合终于等来了自己的春天。在这样煦暖的春风里，她学习知识，也学习做人，爱，便以这样的方式代际传递，生生不息。

我中学时也是班上的学霸，二十多年后，当我和另外两个当时成绩并不突出的同学再次与老师相逢时，老师第一眼就认出了我，而另两个同学，他竟然叫错了名字。

即使口称有教无类，圣贤如孔子，对待他的弟子也难免有厚薄之分。

孔门弟子三千，七十二贤人，其中有成就者仅十人而已。仅这十人，孔子也并非一视同仁。位居七十二贤之首的颜回，是孔子最为推重的，《论语》中，孔子对自己这位爱徒屡屡称赏：

子曰："贤哉回也！一箪食，一瓢饮，在陋巷，人不堪其忧，回也不改其乐。"（圣人赞叹颜回：每天一竹笼饭，一瓢冷水，住在贫民区一间破房子里，一般人忍受不了这种清贫，而颜回却能安贫乐道，淡然处之。真是了不起啊！了不起！）

子曰："吾与回言终日，不违如愚。退而省其私，亦足以发，回也不愚。"（我向颜回讲授，一整天下来他从不提出异议和疑问，像是蠢笨的样子。我在他回去后考察他日常生活的言行，他在现实生活中方方面面的作为能够发挥我所讲授的知识与经验，颜回啊，他并不蠢笨。）

子谓颜渊曰："用之则行，舍之则藏，唯我与尔有是夫！"（孔子对颜回说："被任用就施展抱负，不被任用就藏身自好，只有我和你才能这样吧！"）

回年二十九，发尽白，蚤死。孔子哭之恸，曰："自吾有回，门人益亲。"鲁哀公问："弟子孰为好学？"孔子对曰："有颜回者好学，不迁怒，不贰过。不幸短命死矣，今也则亡。"（颜回二十九岁的时候,头发全都白了,早死。孔子哭得极度悲伤,说道:"自从我有了颜回这样好学的弟子,学生更加亲近我。"鲁哀公问孔子:"你的弟子中谁最好学?"孔子回答说:"有个叫颜回的学生最喜欢学习,他不把怒气发到别人头上,不重复犯错误。他不幸去世了,现在就再也没有听说有好学的人了。")

而孔子的另一位著名的学生,多思善辩的宰予则屡屡质疑老师的言论,有"忤逆"之嫌,最后被老师痛斥。

宰予昼寝。子曰:"朽木不可雕也,粪土之墙不可圬也,于予与何诛。"子曰:"始吾于人也,听其言而信其行;今吾于人也,听其言而观其行。于予与改是。"(宰予白天睡觉,被孔子逮了个正着。老夫子大发雷霆:"腐烂的木头不堪雕刻。粪土的墙面不堪涂抹!对于宰予这样的人,还有什么好责备的呢?""我原来判断一个人,只听他说的话,就足可信任他的行为;可是现在,我判断一个人的人品,不仅要听其言,还要观其行,这些是宰予让我改变的啊。")

这番话出自一向温良恭谨让的孔子,足见分量之沉重。区区一个宰予,竟然颠覆了老夫子的三观。

亲子之爱,缘起血缘,体现生命的延续;师生之爱,缘起思想,体现知识与道义的传递。当青出于蓝而胜于蓝时,父母从子女身上,老师从学霸身上,都发现了更优秀、更出色的自己。圣贤尚且如此,一切都可理解。

可是,这之后呢?想想白豆,想想千百个如白豆般的孩子——
长城内外,唯余——浩叹。

十三　微信群是个生态圈

　　白豆的班主任在初三这一年，应家长要求，除原班级的QQ群外，又建立了微信群。到底是微信的使用率更高，群成员队伍立刻壮大，最后竟至近七十人。怎么回事？白豆班上一共才有学生45人啊。细察之后发现，负责白豆班上各科课目的老师纷纷入群，此外，还有若干孩子的父母双双入群，以致该群达此规模。

　　时间长了，我发现，这个微信群迥异于其他诸如朋友群、同事群、同学群等。在这些群中，大家地位平等，无欲无求，说话大可随意宽放，氛围比较轻松融洽。而在孩子的班级群里，无论家长是身居高位还是腰缠万贯，无论平时如何颐指气使、吆五喝六，在群里，即使面对年轻老师，一样要低眉顺眼，谨言慎行，甚至谦恭有加。家长们心知肚明——在这个群里，与之对话的不仅是孩子的老师，更是孩子那不可捉摸的未来。孔夫子终生奔波劳顿、喊得口干舌燥仍千百年来收效甚微的"仁义礼智信，温良恭谦让"的人伦"五常"，在这里落地生根，人人践行，且发无余绪。孔老夫子地下有知，不知当作何感想。

　　这里，多的是感谢、赞美、自谦自责，少的是抱怨、挑剔、无礼苛责；雍雍穆穆、安乐祥和，风光一派大好！

一般来说，在这个群里生存，家长们更多秉持的是一种工作，甚至高于工作的状态——严谨、认真、小心翼翼、思虑周详，完全不似在一般微信群里的恣意放纵。但是，毕竟人多嘴杂，言行，最易暴露性情。时间长些，我发现这个微信群在一定程度上与生态圈近似，不仅有层级之分，且也在秩序中体现了生物的丰富多样性，细细体察，用心体会，竟是五味杂陈。

依据定义，"地球上的所有生物以及环境的总和称为生物圈"，就这个微信群而言，白豆们、家长们、老师们便是这一生物圈中的生物，而彼此间的关系构成了大家所赖以存在的环境。

生物圈存在的条件，首推来自太阳的日照光能。那么在我们这个生物圈里，所谓"太阳"，应该非班主任莫属了。

无事时，群里一片沉寂，经常在朋友群、同学群里见到的有趣的图片、段子、链接等都极少在这个群里出现，即使社会上发生了些惊天动地的大事，各种猜测、段子满天飞的时候也是如此。所有家长都似两耳不闻窗外事的乖顺学生，只是埋头读书做事，绝对心无旁骛，全不似在其他群里那般摇唇鼓舌，口吐莲花，神采飞扬。只有当班主任老师在群里发布些通知时，这个群便在瞬间被激活，众多家长集体现身，并小心恭顺回复，经典回复是："收到，谢谢某老师！献花，献花。"或者先@某老师，再表示收到，感谢，并献花。稍有创意的回复则是："收到，某老师辛苦（费心）。献茶。"不出几分钟，便有几十条回复刷屏。刚入群时，不甚习惯，见此情景，常感惊诧，时间长了，便也习以为常。因怕搅扰，我在最初使用微信时就关闭了微信的提示音，这常导致我很晚才看到班主任老师的微信，此时，屏幕上已满眼都是感谢和献花了，我只能暗自惭愧并心有惴惴地奋力爬楼。

其实，也难怪家长们对白豆的班主任老师尊敬有加，她的敬业以及对孩子们的关爱也常常超出作为班主任的工作范畴。比如说，学校举行活动时，如运动会、联欢会，她会用手机把孩子们的精彩瞬间记录下来，发到群里，如电视直播一般。在办公室里正忙得焦头烂额的家长忽然看见自己孩子的身姿、笑脸，哪怕只是一个侧脸或者背影，立刻内心欢腾，对这样善解人意的老师自然十分感戴。这个时候，通常群里的气氛热烈至沸腾。戴近视眼镜的、戴老花眼镜的中年男女们，一齐捧着手机，在合影里费力地寻找，终于惊呼"找到了"；没有找到的家长拼命地将照片放大，再放大，一处处地搜寻细节，"啊，看到了我家宝儿的小辫绳！"玫瑰花（微信表情）海再次浪涌。

就这样，班主任老师在群里的每次发声，都能收到一石激起千层浪之功效。当然，这样的效果只是针对家长而言，而孩子们对此，则心态略显复杂。

一次，白豆考试失手，她本想悄悄瞒过我，自己在卷子上模仿我签字交差了事，不想此事由老师在微信群里发了通知，要求家长针对孩子的问题查找原因，避免再犯。因而我甚为重视，晚上一到家就找白豆要卷子，白豆当时的表情简直惨不忍睹。

还有一次，班里上自习课时，老师偷偷打开了摄像头，结果白豆与同桌海聊的画面被完整清晰地记录下来。这段视频也被老师发

到了群里。当我看到雄踞画面正中央的白豆谈笑风生时，立刻血往上涌，羞愤难当。一向心高气傲的我，在铁一般的事实面前，也不得不放下自视甚高的身段和自尊心，在群里谦卑地道歉并表示深刻反省。虽然只是面对手机屏幕，但我知道，此时，或者稍晚些时候，群里的几十位老师家长都是观众，大家心态不一，而在舞台上出丑的仅我一人而已；虽然是以文字形式平静地呈现，但我分明感受到内心的恶浪汹涌。当然，当天晚上，白豆也经历了惊涛骇浪。

　　自此，白豆便对我手机里的这个微信群很是关注，经常趁我不备，偷偷翻看群里的信息，大概是小辫子频频被抓，心有余悸。

　　应该说，微信群的存在在一定程度上也加剧了孩子们与家长的矛盾对立。家长与老师立场相同，同是孩子们的监护人、监管者，所以，微信群成了这个时代对孩子们进行有效监管的高科技利器；而作为被监管者的孩子们，则不啻又丧失了部分自我空间，实在是再糟糕不过了。

而一旦这个生物圈里各个层级间的生物实现了沟通、互动，则白豆们的各种不可告人的细密的小心思、小盘算完全暴露于光天化日之下，无可遁形，所谓法网恢恢，疏而不漏。

每年新年临近时，白豆的班主任老师则将过去一年来所集纳的孩子们的照片，选择各种精彩瞬间，精心编辑后制作成精美的台历送给每个孩子，作为他们的新年礼物，也是青春岁月的真实记录。此举一向颇得家长们的嘉许。今年也不例外，而且初三这一年毕竟不同寻常，老师也格外多花了些心思。台历下发后，老师叮嘱孩子们将此作为新年礼物送给家长。之后，老师在微信群里通知了此事，并将此事作为对孩子们情商的培养与测试，请家长们将孩子们回家后作何反应，向老师进行回复。

晚饭时间前后，群里开始陆续有家长报告：有的说，孩子一回家第一件事，就是把台历送给父母，并祝新年快乐！有的说，孩子回家先把台历送给父母，然后自己又抢过来津津有味地欣赏半天；还有的正奔波在下班的路上，内心充满期待！等等，当然还少不了对老师良苦用心铭感五内。

我到家时，白豆还没回来，作为家长，我当然也满怀期待，希望借此而度过一个温馨的夜晚。

伟大的叔本华曾经一语中的地说过："人类做的最愚蠢的一件事，就是对未来的事情未雨绸缪。"这次，又被他老人家不幸言中了。

终于盼到白豆到家，我在忐忑中观察她的一举一动。

　　白豆淡定地洗手、换衣，与我神态自若地说笑，直至吃完晚饭，回到自己房间写作业，一如平常。半个字不提有关台历的事！

　　到晚上九点时，群里家长们的欢呼雀跃终于让我失去了最后的耐心，我推开白豆的房门长驱直入，白豆诧异地看着我。我直眉瞪眼地问："台历呢？不是说老师发了台历吗？为什么不拿出来？"

　　白豆愣愣地问："你咋知道的？"立刻，她意识到这个问题问得十分愚蠢，"哦，我没带回来，你要看，我明天拿回来。"

　　我直盯着她的眼睛："说实话，为什么没带回来？！"

　　白豆又愣了几秒钟，最后放弃了抵抗："我看台历里我的那张照片不太好看，就塞位洞里了……"

　　无话可说，心里拔凉拔凉的。

　　那一晚，我没有在微信群里作出回复，自尊心不允许我说谎，即使是为了给孩子争取个好印象，也不可以。这相当于在这次有关情商的考试中，白豆交了白卷。

　　虽然说微信群是个生物圈，有吃肉的，就有食草的；有阳光普照的时候，也有漆黑阴鸷的夜半。作为家长，在这个生物圈里处于食物链的什么位置，完全取决于自己的孩子，别人爱莫能助。互联网时代的生态圈，讲求共融、共通、共享，即便如此，也并非人人机会均等，要享受更多日照光能，仍需奋力向前。快些长高、长大吧，我的孩子。

十四　奇怪的脂肪瘤

元旦过后，北京进入了一年中最冷的三九节气。天气冷得毫不含糊，风刺骨，水成冰。对一般人而言，过完元旦，离春节就不远了；对学生来说，过完元旦，离期末考试就不远了；对初三毕业班来说，过完元旦，不仅离期末考试不远了，传说中的"签约"也步步迫近了。因而，这次期末的全区统考被视为具有决定性的权重，备受重视。

因上次月考失利，白豆惨遭重创，所以这次比往常提前一周开始备战。每天放学回家，白豆照例有说有笑，但对她知之甚深的我却察觉在她的眉宇与语气中，似乎多了一点不耐烦与燥急。学校几乎天天都有各科的测验、大练习等，时间紧，量又大；每天还要练习长跑，孩子精神上与体力上的消耗、负荷可想而知。

白豆每天吃完晚饭，要跟我在卧室的大床上躺一会，聊聊天，稍事休息，再去学习。白豆近来越来越深地体会到在床与书桌间进行抉择的艰难，笑称床是"屌丝的培养皿，懒惰的温床"。但每天仍然难抵培养皿与温床的巨大诱惑，毫不犹豫地投入其中。

这天晚饭后，我俩照例半躺着聊天。白豆忽然说："妈妈，我脖子上长了个大包。"

我吓得"腾"地坐了起来："在哪？我摸摸！"

白豆指着后脖颈子上的一处地方，我轻轻抚摸，果然在皮下有一处明显的凸起，再摸摸脖子另一侧相应的位置，却很平滑。

我立刻紧张起来，连声叫来豆爸。豆爸在医院工作过几年，在这些方面比我有常识。

酒足饭饱后摸着胖肚子，正心满意足地享受晚间闲暇时光的豆爸颠颠地跑了进来，看见我的紧张神情，立刻笑容凝固。

"快，摸摸这儿！"我指着白豆的后脖子。

豆爸小心翼翼地触碰，抚摸，问道："这里？疼吗？"

白豆满不在乎地："不疼，一点都不疼。"

半晌，豆爸长吁一口气："没事儿，一个脂肪瘤。"

"脂肪瘤？刚14岁就长脂肪瘤？"我穷追不舍。

"是啊，"豆爸搔搔头皮，"是岁数小了点儿，不过摸上去就像脂肪瘤啊。我身上长了好几个，她爷爷也老长。别紧张，一点危险都没有。"

豆爸一说，我才想起公公在世时确实有这毛病，夏天穿得单薄，甚至能看到有的瘤子鼓出体表，十分明显。去医院看过，医生大剌剌地一挥手："没事没事，不用管它，长得越多越好！"

想到这里，我心里稍定。打开电脑用百度搜索，提炼出如下信息：脂肪瘤为良性；脂肪瘤成人多发，儿童少见；脂肪瘤多发于饮食高蛋白、缺乏锻炼、精神压力大的人群。

既然"儿童少见"，白豆为啥中招呢？

在"饮食高蛋白、缺乏锻炼与精神压力大"三个发病条件中，豆爸及豆爸的爸占了前两条；白豆嘛，爱吃肉是真的，可是十几年吃下来，也没出现啥异常啊；缺乏锻炼？不会，只要没有雾霾，学校每天都安排大运动量的长跑；那就只剩"精神压力大"一条了。大概，这才是真正的病因吧。十几年来没心没肺、海阔天空、云淡风轻地长大，到了初三，人生显露出沉重与冷酷的一面，人生经验十分匮乏的孩子们不得不仓促中披挂上阵，且是孤军奋战。心绪上的不安可以遮掩，但是不管你掩饰得多么成功，身体都会以它自己的方式表达它的不适、不宁。脂肪瘤就是身体的抗议吧。

我正对着电脑闹心，白豆依里歪斜、恋恋不舍地从床上爬起来，走向书房。看着她窄窄的肩、纤细的脖颈，我竟生出几分悲情——人生多艰，初三多艰，如此多艰，却爱莫能助。孩子，到了该长大的时候了，长大后，独自面对多彩也多艰的人生。

因为这个脂肪瘤，我提议家里的饮食减油减肉。白豆和豆爸都是食肉动物，钟情于纯肉、大肉，对炒菜里的肉很是不屑，压根不认为那也算肉。本以为我的提议很难顺利通过，没想到这次豆爸倒很大方，率先表示赞成。也是，只要事涉孩子，他一向无私无欲，慷慨大度。白豆面露不豫，眼见反对徒劳，也只得就范。

第二天放学回到家，白豆脱下外套，绵软地瘫倒在沙发，连声催后进门的豆爸赶快关门，说她浑身发冷。

我心里又是一紧：坏了，别是感冒了吧？后天就要期末考试了，这个关键的日子口儿可是绝对病不得的呀！

我走到白豆身前，这孩子果然两眼无神，状态萎靡。我伸手摸摸额头，微微的也似有些发热。

我问白豆:"难受吗?嗓子疼不疼?流不流鼻涕?"

白豆均摇头。

"是不是今天下午做数学大练习,太累了?"

白豆还是摇头。

"是不是中午饭没吃饱,饿的?"

白豆说:"刚才回家的路上,我已经在便利店买了饭团子吃了。"

果然是病了!

我当机立断,为了确保后天的期末考试能够正常参加,现在马上吃晚饭,饭后马上睡觉,充分休息,身体第一!

饭菜很快端上餐桌,白豆慢腾腾地坐下,抬起眼皮,懒懒地看了眼桌上的菜:三大盘子炒菜,虽然热气腾腾,却十分素淡,只有炒菜花里有些许肉末。白豆的无精打采让豆爸也担心起来:"是不是没胃口?"

白豆"嗯"了一声,问道:"妈妈,昨天的酱鸭子吃完了吗?"

"还有,在冰箱里。"

豆爸赶紧问:"是不是想吃啊?"

白豆点头。

豆爸一边起身,一边连声说:"想吃就好!生病就怕没胃口,先把病养好,吃素以后再说。"

酱鸭子上桌,白豆急不可耐地夹起一块塞进嘴里,鼓颡大嚼。半晌,吐出些许骨头,满足地长长吁了口气。

一块酱鸭子下肚,眼见得白豆的脸上浮起了一抹红晕,眼神也变得活络起来。接连干掉几块大肉,白豆竟奇迹般地痊愈了,欢脱

如初，健康如初，话痨如初，像往常一样，跟豆爸大侃学校的种种趣事。

我心里起疑，难道这孩子刚才是在装病？只为了不吃素？不对呀，白豆要有这份心机，她也就不是白豆了。

我抓住他俩聊天的间隙，插嘴问道："看来你不是生病，是饿的。可你不是说放学的时候在便利店买了饭团子吃吗？"

白豆立刻义愤填膺："这家便利店的老板真是奸商，说是叫'鳗鱼饭团子'，里面放的鳗鱼只有指甲盖那么大，太可气了！"

原来如此！现在真相大白了——白豆刚刚确实病了，病的名称叫"胃亏肉"！估计白豆想到今晚即将吃素，立刻心情不爽。本想放学的路上，自己偷偷搞点福利，不想又碰上了奸商，计划破产，如此命运多舛，实在令人唏嘘啊。

　　无论如何，白豆康健如初总是好事。先保眼前要命的期末考试要紧，至于吃素——以后再说吧。

十五　久炼成铁

　　白豆刚出生时，身高、体重均极标准，初始的红肿、黄疸褪去后，大人们看出这孩子眼大、肤白，都极口夸奖，令初为人母的我很是得意。唯一的缺憾是头发，全不似我们家人。我们兄妹三人都发色漆黑，发质粗硬浓密；而豆爸家却完全相反，全家人头发细软稀疏，白豆倒像是随了他们家，一头软乱的黄毛支棱八翘，老像是受了惊吓的样子。在妇产医院里，看着邻床的妈妈生出的女孩儿，一头黑硬的浓发根根直立，如鲁迅先生的著名造型一般，艳羡不已。没有一头秀发，还谈何女孩子的魅力啊。白豆姥姥则摆出一副老江湖见多识广的架势，淡定地说，着啥急，她还变呢。果然，年岁渐长，白豆的头发也不断向我的方向校准——漆黑、浓密、硬直。从幼儿园到小学，每次带她去理发，我都要叮嘱理发师"削薄，再薄些"。上初中后，我和豆爸为培养白豆的女性意识，蓄谋让她留起了长发。到初三时，这一大把头发竟成了负担，不仅清洗麻烦，而且跑步时在脑后剧烈摆动，十分累赘。我不得不再次带她到理发店，对理发师说"剪短，再短点儿；削薄，再薄些"。对我们来说，能减负的只有头发了。

初三第一学期的期末考试箭在弦上，老师弯弓待发。孩子们则把腰弯得更低，头伏得更深，勉力承受着这生命之重。

白豆说："妈妈，我从我们同学的头发上就能看出谁用功，谁不用功。"

"哦？"

"真的，"白豆笃定地发表她的头发理论，"越到考试前，我们班上那些男学霸的头皮屑就越严重，有的一晃脑袋就哗哗直掉，坐在我前面的那个男生就是这样，头皮屑掉了我半桌子，真恶心。"白豆嫌恶地耸耸鼻子。

"那女学霸呢？"

"女学霸掉头皮屑的不多，但是个个头发油得打绺，人都变丑了。"

我很认可白豆的观点。原本都是青春期的孩子，内分泌旺盛；再加上考试前用脑过度，大脑皮层活跃，分泌物增多，学霸们又舍不得花时间去清洗打理，结果自然会这样。我当年上学时，也曾有过这般"油头滑脑"的经历，但那时是为应对高考。

"你呢，"我问白豆，"头发也痒吗？"

白豆下意识地搔搔头："还好吧，但也两天不洗就难受。"

"别犯懒，该洗就洗。"我嘱咐白豆，女孩子还是应该像个女孩子啊。

"当然当然。"白豆点头。

其实我这番嘱咐也属多余，白豆这孩子从小养得娇气了些，身体上的些微不适都无法忍耐。这也是难成学霸的原因之一吧——连头痒都忍受不了,如学习那般艰苦,又如何能够承受呢?

上次月考,白豆语文惨败。于是,这次期末考试前,我着重加强了对白豆语文应试的指导,而白豆自己,则自觉地调整自己的心态。

考前的一天晚上,我发现白豆独自站在梳妆台的镜子前,一边指指点点,一边絮絮叨叨,念念有词。我好奇心大发,忍不住在门口偷听。

只听白豆抑扬顿挫地："……我现在是心如止水啊，没错，心如止水！什么叫心如止水？就是除了考试什么都不想，既不想还有多少内容没有复习，也不想考完试该怎么happy，这样，心里也不慌，也不浮躁。看我以前考试的时候，往考场里一坐，手脚冰凉啊！再往前的时候，更没出息，坐在那儿手还抖，抖个不停，你说你抖什么抖啊！没出息样儿！"白豆指点着镜子里的自己，毫不留情地批评着不堪回首的过往。我暗笑不止。孩子在长大，如今有了些应试经验的积累，还知道考试前给自己做心理辅导呢。

　　第一天考语文和物理。晚上回家后，白豆疲惫地歪在沙发里看动画片。我正忙活晚饭，一次次地从白豆身边经过，故意不去问她考得如何，其实心里煎熬得要命。揣测白豆的表情，看不出有什么异常，莫非那就是一切正常？

　　第二天上午考数学。数学一向是白豆的弱项。白豆所在的实验班学霸云集，强手如林，这导致白豆在数学上极度缺乏自信。听说这次期末考试数学题量要增加，雪上加霜啊。

　　晚饭后，白豆又四仰八叉地倒在了床上。豆爸贴心地说，大概今天考累了，让她休息一会儿吧。

　　半晌，白豆屋里还不见动静。别是睡着了吧？我轻轻将房门推开一条缝儿，我定睛一看，白豆两眼望天，又在自言自语碎碎念呢。

　　"……求求你了，求求你了——千万不要写错正负号啊；千万要记得分类讨论啊；千万不要脑子里想的是sin结果写成了tan啊；千万不要看两个三角形长得像就证它俩全等啊；证圆的时候，千万不要只知道瞪着眼傻呆呆地看着啊，能连的线要连一连啊，没准儿能证出个相似啥的啊……"白豆正絮絮叨叨地历数着自己之前考试时犯下的桩桩糗事、斑斑劣迹。莫非这又是一次个性化的心理辅导？

终于考完了。

晚上下班回家，我照例问白豆："考得怎么样？"

白豆也照例语焉不详地回答："嗯嗯，还行吧。"

所谓"还行"，范畴宽广了去了，从69分到99分都叫"还行"。因为心疼她的辛苦疲惫，每次我也都认可了这样的回答，不再追问。

今晚白豆却有些反常。

平时晚饭后，白豆稍事休息，就要回自己房间学习。今天毕竟考完了，一晚的放松宽纵还是允许的，一下子松懈下来，白豆无所事事得竟显得有些茫然，于是跑来跟我聊天。聊着聊着，白豆竟然主动说起了这次考试的情况，这可是绝无仅有的，而且，话题竟然还关涉到了她的弱项——数学。

"妈妈，"白豆有些志得意满地说道，"我这次考数学做出了那道关于圆的几何证明题呢！"

"真的？"我有些不敢相信，这种题她在以前的考试中一向是丢分项啊。

"是啊，"白豆重重地连连点头，"而且，做完全卷后，我还有将近十分钟的检查时间。"

"真棒！"我由衷地夸赞，并心中暗喜，看来这次数学确实考得不错啊。

"而且，"白豆笑靥愈发灿然，双眸晶莹闪亮，"我还检查出了两道错题，又捞回了4分——"

我又要极口称赞,忽然——白豆脸上的笑意倏然隐去,双眉渐渐皱起,凝神苦思,又,脸色骤变,如见鬼魅!再,竟然毫无先兆地"哇"的一声号啕大哭起来。

我吓得不轻,连忙问:"怎么了这是?刚刚还好好的——"

白豆哭得上气不接下气,伤心欲绝,十几岁的大姑娘了,涕泪横流,脸上一片狼藉。

半晌,白豆才哽咽地说出话来:"……呜呜,我把本来做对的一道计算题给……呜呜,改错了!……呜呜……"

"唉,"我老生常谈地哀叹道,"错就错了吧,有什么办法呢?"心里的热度也一下子降至冰点,这种感觉在这几个月里被不断复制着,熟悉又令人忌惮。

白豆仍心有不甘地抽噎着:"……呜呜……五分呢……呜呜……"

在我记忆中,白豆还是第一次为考试的分数如此痛心疾首,大放悲声,看来,中考的魔力确实大啊。

所谓人算不如天算,考试前白豆把自己可能犯的低级错误都想到了,结果依然令人心寒齿冷。在互联互通的时代,当"大众创业,万众创新"成为时代风尚,任何人不能置身事外。白豆在数学错题方面也算是屡屡别开生面了。

久炼只能成铁,百炼才能成钢。毕竟只是铁而已,硬度低,会锈蚀,折戟沉沙;距离坚不可摧、锐不可当、寒光闪闪的钢,白豆,还有很长很长的距离——这中间还要经过多少眼泪、经验、智慧、勤苦的淬炼?孩子,坚持。

十六　年关难过

　　期末考试终了,初三的第一学期终于走到了尾声。但这并不意味着五个月的焦灼、跌宕、纷扰的情绪被按下了暂停键,2016年的来临对于2016届的孩子来说,犹如"中考"二字下被加了着重号,黑云步步压城,惊涛高高卷起,指间的弓弦被用最后的气力牵拉得渐渐趋向了满月,表情绷紧变形,心态绷紧变形。

　　放寒假前,白豆的学校召开了本学期最后一次家长会,并要求孩子也一并参加。

　　从单位赶到白豆的学校,孩子们还没有下课,楼道里已经挤满了家长。墙上贴了本次考试各科成绩优秀者的红榜,家长们围拥着认真研读,并纷纷用手机拍照,虽然都不发一言,但表情各个不同,其中,面色轻松者少,凝重者多。之后,这些存在手机里的红榜照片又会成为一些家长的微信朋友圈素材,或是更多孩子被沉痛劝诫时过硬的证据、材料吧。

　　我从教室的窗户向内张望,很快便找到了坐在前排的白豆,见她竟将平时放在学校,只在课间操时才穿的羽绒坎肩套在了身上,我不禁心里一沉,不好,别是生病了吧?!

当天早晨气温较低，我特意给白豆加了衣服，按说不会冷啊。白豆察觉到了什么，抬头张望，一眼看见了我，立刻笑靥绽放，手在课桌下轻轻挥动。上学以来，我还是第一次看见白豆上课时的样子，表情看上去倒很放松，但面容苍白而疲惫。几天前才刚刚发过一次烧，今天不会又要病倒吧。

班主任老师大概是在颁奖，没什么仪式，被念到名字的获奖同学上讲台从老师手里接过一册练习本，在座的同学鼓掌祝贺。一拨又一拨同学站了起来，白豆却始终只是在座位上鼓掌，神态自若而恬淡。

下课了，教室门敞开，孩子们纷纷起身，把各自的家长引导到自己的座位上。女孩子们"妈妈""爸爸"叫得热络，男孩子们大都矜持，却也神情放松，一脸憨笑；在见到父母的那一刻，孩子们纷纷显出或娇憨或慵懒的小儿女情态。一分钟前还硝烟弥漫如战场一般的教室，霎时变得温情了许多。没等白豆站起来，我几步奔了过去，把手搭在了她的额头上，虽然不是滚烫，但肯定发烧无疑了。

"难受吧？"我问白豆。

白豆笑呵呵地摇头："不怎么难受，就是有点冷。"

我把手里的矿泉水瓶子塞给她："快，使劲喝水！"

家长会开始。从年级组长到各科老师照例做了充分的准备，其精神状态依旧振奋昂扬，完全没有学期结束时的劳顿懈怠。

一张张PPT展示着老师们对本次考试的各类数据的汇总、解析，范围由全班，到全校，到全区，结论依然是：形势异常严峻，同学须加倍努力。

家长会的全程中，我都是心猿意马，脑子里想的一直是生病的白豆。唯一的好处是，虽然白豆此次考试成绩不很理想，但我却并不似平时那般焦躁。人真正是现实的动物，在孩子的成绩与健康之间，感情毫不迟疑地选择了后者。

坐在我身边的白豆不时与同学小声交流着什么，她的同桌也是个女孩子，肤白胜雪，红晕浅淡，气色极好，与白豆形成了鲜明对比。再略略向远处张望，孩子们大都精神抖擞，状态饱满。不少孩子的桌上摊放着刚刚领到的作为奖品的笔记本。

大概是我的眼神在那些笔记本上稍稍做了停留，我这一细小的动作也被白豆捕捉到了，她轻轻地从位洞里掏出了两个一模一样的笔记本给我看，眸子里满是疲惫之余的笑意。

我也笑了，发自内心地。这孩子，长大了，知道我在想什么，也清楚我对什么在意。这倒让我这个当妈的有几分难为情，正像鲁迅所言，"榨出我皮袍下的小来"，平时冠冕堂皇的大道理讲了不少，可这一刻，在生病的孩子面前，我的功利、市侩一览无余。

不由得，我想起前两天，白豆突然对我说："妈妈，今年我就要上高中了呀。"我听后竟陡然一惊——高中？

当然是这样，不管六月份的中考会以什么结果结束，9月1日，眼前的这些孩子就都是高中生了。这就是时光，不管你是否意识到，不管你是否准备好，不管你是否接受，冬天过后就是春天，该来的总是会来。虽是半年以来，一直在为中考备考，每天都紧张匆忙，但对中考后的日子无暇想象或憧憬。在内心深处，猝不及防地，我的孩子即将成为高中生了，这样的生活，这样的岁月啊。

> 妈妈,
> 今年我就要上高中了!

老师将寒假作业印制成册,五科的摞在一起就是厚重的一叠。老师要求孩子们每天早晨七点钟务必起床,并按照学校的时间作息。春节在即,走亲访友最多只能占用三天的时间,一切以中考为导向,一切为了中考。

不出所料,当天晚上,白豆果然发起了高烧,晚饭没吃两口就昏昏睡去。好在放假了,明天不用早起;好在我们寒假没报任何的课外补习班;好在——唉,以中考为立足点考量,生病本身就是耽误学习的严重事件,何来"好在"?

入夜,白豆睡得深沉,两颊通红,鼻息粗重。我调暗灯光守在她身边,不时翻弄着她额头上用来降温的凉毛巾。一旁的手机不时有微信消息提醒,打开看,几乎都是来自白豆他们班的班群。老师们孜孜不倦地发送着各类练习册的封面图片和版权信息,建议家长们给学有余力的孩子们买来作为寒假作业的补充;班主任老师则再次强调寒假作息时间的铁律;手快的家长们已经开始在网上搜索、订购这些练习册，并不时就版本问题征询老师……

不是说这些练习册是寒假作业之后的补充？不是说只针对学有余力的学生？严格地说，此时此刻，寒假还没有真正开始，孩子们白天还上了整整一天的课呀……

然而，这就是真实的中考，这就是真正的初三——成绩好的孩子自是意气风发，力争再上层楼；成绩差的孩子更会知耻后勇，奋起直追！不分驽马与良驹，态度决定一切。中考如一架巨大的战车，裹挟夹带了学生、家长以及每年数以几十万计个家庭的正常生活，以破釜沉舟的勇气，卷起滚滚烟尘，隆隆向前，所过之处，灰飞烟灭，势如破竹。

此刻，最现实的问题是——这个春节注定不能轻松度过了。

依白豆的身体素质，普通感冒的症状不会持续很久，即使发烧也最多不会超过两天。病好以后还可以利用春节前的时间复习，我和白豆都这样盘算。不想，白豆的这次感冒来势凶猛且缠绵不去，待她烧到第五天时，我开始意识到问题严重，带她上了医院。

果然，在做了若干项检查后，医生诊断，白豆患上的不是普通感冒，甚至也不是流感，而是一种特殊的病毒感染。医生开出了检查肝功的化验单，并说，如果肝功指标异常，白豆还要住院治疗。

这一刻，白豆的眼神几近绝望，我知道，她担心的不是自己的病，而是迫在眉睫的中考。我反倒内心沉静了下来：除了孩子，一切都可以放弃——即使是中考！

第二天空腹抽血化验。从医院出来，我又习惯性地摸摸白豆的额头，奇怪，好像不烧了！莫非是我的错觉？

回家后，我立刻催促白豆试表。三十六度七，退烧了！我不禁长吁了一口气，白豆也立刻眉开眼笑。

午饭后，白豆说："妈妈，我现在可以开始学习了吧？"

我说："现在还不行啊，毕竟烧了整整五天，现在你的体力、精力都差，即使学习效果也不好；况且你肝功的结果还没出来，不宜劳累啊。"

白豆微微蹙起眉头，苍白消瘦的小脸写满焦虑："生病真耽误事儿啊。这几天，我们班里那些学霸不知道都做了多少套考题，写完了多少卷子呢！"

看着白豆神情黯淡，我在内心深处深长地叹息："要不，你做点儿轻松的事儿？比如，复习复习名著？"

"也行啊！"白豆爽利地答应下来。

一点心理安慰而已，聊胜于无吧。我和白豆都心知肚明。

好在白豆的状态一天天好转起来，每天学习的时间也逐渐增加。

几天以后，白豆的化验结果出来了——是EB病毒感染没错，好在肝功正常。医生看完化验单，宣布白豆不仅不用住院，而且也不用再继续服药。一般情况下要持续一到两周的病程，中考生白豆将之缩短到了五天！

从医院出来时，我能感觉到自己的脚步变得轻快了许多。

站在医院门口，我深深地吸了一口北京隆冬时节清冽的空气，心脾间，一种轻盈的快意，由稀薄而丰厚，渐渐弥漫开来。空气中似乎夹杂了几许爆竹的烟火味道，这是年的味道啊——2016年的春天，就这样，来了。

十七　挣扎于语文的泥淖中

　　白豆一贯做事拖沓，每每令我和豆爸心焦。

　　每天清晨送她上学，豆爸如疾风暴雨般完成所有规定动作后，白豆仍不慌不忙、有条不紊，特立独行地按照她自己的节拍准备出门前的一应事务；急性子的豆爸脸上渐渐彤云密布，又不忍一大早对他闺女发火，隐忍再三，终于一跺脚下楼到车里生闷气去了。

　　几乎每天都踩着铃声进教室的白豆，这天，遭遇堵车——终于迟到了。按学校的规定，迟到者在早自习时间须教室外罚站。

　　教学楼只南面有教室，北面楼道是一色宽大的玻璃窗，窗边排满了书架，各类文艺书在书架上精彩纷呈。白豆独自在教室外罚站，久之，百无聊赖，便顺手从书架上抽了本《林清玄散文》，又搬了把椅子，在温暖的暖气边舒舒服服地坐下，听窗外北风呼啸，课堂里书声琅琅，很快就进入了物我两忘的状态。这时，隔壁班的老师从她身边经过，见她读得专注，便问："看什么书呢？"白豆把封面展示给老师看。"噢——"，老师若有所思地点头，又深深地看了白豆一眼，才离开。

　　半晌，教室里正看管孩子们自习的白豆的班主任终于想起教室

外的白豆了，出门一看，见白豆的舒适陶醉状，顿觉哭笑不得："罚站，懂不懂？你这是罚站吗？！"白豆如梦方醒，立刻反应过来自己此刻的尴尬处境，只好快快地站了起来。三分钟以后，正式上课的铃声响起，白豆获释。

　　一天中午，白豆在隔壁班门口等她的好朋友一起吃午饭。忽听那个班的语文老师在慷慨陈词："看看人家别的班，学生上课迟到了，被罚站的时候，还拿本林清玄的散文集认真读，看看你们，平时都读些什么书？所以咱们班的作文成绩才比不上人家……"白豆在门外心下大喜——果然，生活中处处是阳光啊！

　　心中时时阳光明媚，而现实中的阳光却在这个冬天显得稀有而吝啬。转眼又到了冬至节气，刚刚开始数九，在我印象中，北京今年的严重雾霾就已经发生了四次,包括当下,眼前。白豆学校第二次因全市发布空气重污染红色预警而停课。第一次停课时,虽然有些手忙脚乱,但孩子们和家长的心态还算平稳;到第二次停课,家长们开始显现出些许不安,尤其是初三毕业班的家长。在网络论坛上,大家纷纷对明年中考中的体育考核表示担忧,尤其是八百米(男生的1000米)一项。是啊,在家可以自主学习,也可以练仰卧起坐,可长跑却无计可施,尤其是像白豆这种体育基础薄弱的孩子,真令人心焦啊。"庭前垂柳珍重待春风",古人悠然淡定的九九消寒图,九个九画的字,每天一笔,要写上九九八十一天,自古以来,冬天都是漫长的,但这个冬天似乎尤甚。

　　冬至这天,家里照例吃饺子,我手里边忙活着,脑子里又忽然想起白豆小时候的一件趣事。大概是白豆三四岁的时候,也是冬至。那时,家里的墙上挂着个大大的月份牌儿,父母在忙忙碌碌地包饺子,没人搭理的白豆独自瞎溜达,而后被墙上的日历吸引,伫立,看着上面大大的"冬至"两个字,高声念道:"冬——歪!"嘴里念着"歪",小脑袋也歪到了一旁,久久地,不解其意,于是跑来问我:"妈妈,什么是'冬歪'?"

　　"嗯?"我疑惑地看着她。

　　白豆言之凿凿:"墙上写的,冬歪!"

　　我跟她走到日历前,定睛一看,立刻仰倒:"孩子,这个字念'至',冬至!"

　　白豆忽闪着眼睛,还是一脸困惑:"冬至?什么是冬至?"

　　"冬至是个节气,意思是冬天到了最冷的时候,到了冬至,春天也就不远了。"

白豆半懂不懂地点头。

此后,"冬至"的意义走进了白豆的头脑,"冬歪"的快乐记忆则常驻我的心头。以后,每到冬至节气,我们都是这样度过的:手里一边马不停蹄地包着饺子,嘴里一边用"冬歪"来打趣白豆,其乐融融的家庭氛围油然而生。如果没有初三这个冬天的浓重雾霾,冬至该是个多么令人欣悦、享受的日子。

吃完晚饭,不出所料,白豆班主任在家长微信群里发布了复课通知。白豆加急赶写还没完成的作业,我则一边心不在焉地看电视,一边不厌其烦地一遍遍地刷新手机 APP 里的雾霾指数——指数从下午开始一直在涨,从 300 多,到 400 多,终于到了 500——爆表了!明天能如天气预报所说,由严重污染变成中度污染吗?令人忧心啊。想想,却又无奈。即使明天仍是严重污染,能不让孩子去上课吗?这次月考白豆的成绩又大幅度下滑了,听说学校的第一次签约在即啊!

唉,思来想去,终是无奈。

我将白豆书包里用过的防霾口罩找出来,扔掉。再拿了新的换上,并叮嘱她在户外一定戴口罩。白豆嘴里连连答应着,头也不抬地奋笔疾书,完全顾及不到我忧虑的眼神。

这次月考中,白豆的语文再次惨败。中考一天天临近,为什么平常的优势科目反倒出现如此的翻覆?语文,从小学以来白豆一向引以为荣的科目,无聊孤独时用来涵养内心,疗救精神的甘霖灵药,如今竟成了令她烦恼缠身并不停沦陷的泥淖,奈何?

最近的这次月考，白豆的语文成绩滑落到了年级二百名开外，怎一个"惨"字了得？！第一次，我拿来白豆的语文考卷，从头至尾认真地检看一遍。看到最后，我不禁血往上涌！白豆的答案，通篇贯穿一个"粗"字——粗心、粗疏、粗率！基础部分，知识点掌握不到位，答题轻率随意；阅读部分，似乎全然不解题意，所答非所问，阅读分值 30 分，白豆竟然丢掉了将近一半；作文，虽没再出现之前的思想倾向问题，却文字干瘪，叙事塞滞，毫无灵动之气。

记得宋人黄庭坚曾说："士大夫三日不读书，则义理不交于胸中，对镜觉面目可憎，向人亦语言无味。"想来写文章也是此理，多日不读书，疏远了文字、章法、义理、情感等为文的骨架血肉，荒僻了对世事人生的思考，如何能写出文采焕然、灵动飘逸的文字？成人尚且如此，更何况是个涉世未深、根基尚浅的孩子？

想想白豆初三以来的生活，也实令人叹息。因为理科是弱项，所以几乎每天，白豆都浸泡在无涯的题海之中，为一道道难题绞尽脑汁，耗时费力；周末好不容易时间稍宽松，却还要弥补一下平时亏欠的睡眠。白豆曾哀怨地说："我都有多久没看过整本的书了？"

记得进入初三后的某一次考试中，年级里的一位知名学霸语文拿了年级最高分，她的作文也被当作范文印发给全年级的学生学习。立刻，不止一个同学发现这篇范文通篇抄袭了某本作文选中的一篇，有人向老师举报，学霸的语文成绩随即被取消。白豆回来向我讲述此事，我方明白原来有人是凭借这样的捷径提升作文成绩的！

我当即对这样的做法表示否定，白豆也颇认同。不管分数如何，发自内心的文章总是真实的，真实，自有它动人的力量，在此基础上，我们尽力而为——我找出几本散文选，同白豆商量能否每天抽出五到十分钟读一篇，虽然没有大把的时间大快朵颐，却可利用零碎时间小酌怡情，涵养内心啊。白豆颇以为然。开卷有益嘛，罚站的时候都能读书呢。

至于阅读，据我看来，应试阅读与平时的随意阅读不同，后者的阅读状态是散漫而松弛的，也是有选择性的，只当眼睛与书中最能触发你情感与思绪的文字相遇时，这些文字才会郑重地走入你的内心，并成为你灵魂的一角风景；其他的文字，大可以如无色无波的流水般无声滑过，无痕无迹；而应试阅读则要求考生从文字到架构对作品做通篇的把握，几乎文中的每一个字都可能成为必选项，不允许选择，不兼容个性。整齐划一，这就是应试的本质要求。

权宜之计，适当地进行训练，除此之外，还能如何？

"蒹葭苍苍，白露为霜。所谓伊人，在水一方，溯洄从之，道阻且长。溯游从之，宛在水中央。"这首诗果真写的是爱情吗？我倒觉得从中又悟到些生活的真意——一波三折，一唱三叹。我的孩子，你现在所置身的不仅仅是泥淖，更是生命中的一段风景，有起伏，有波澜，有雾霾，有阳光。为了心目中的那个"伊人"、那个目标，好生努力吧。

十八　纠结的寒假生活

寒假赖床，白豆一贯如此。但此寒假非彼寒假。班主任老师放寒假前要求孩子们每天早晨必须七点钟以前起床，甚至"威胁"要家访。白豆从生病到痊愈，以及痊愈之后，几乎没有在9点以前醒来过。我屡屡扬言要把她的睡相拍下来发给班主任，白豆把被子往头上一蒙，美梦继续。终于睡足了，睁开眼，先眯眼瞅瞅墙上的挂钟，再呆呆地望着天花板愣神，半晌，自言自语道："都这个点儿了呀，那些学霸大概又做完一套卷子了吧。"

我说："明知道是这样，还不起吗？"

白豆这才慢吞吞地坐起身，一边穿衣服，一边嘴里还碎碎念道："所以说嘛，学霸也是有先天优势的，比如说，睡眠少啥的，啥叫命？这就是！"

"奇谈怪论！"我不屑。

尽管不情不愿，尽管内心无比纠结，白豆迫于心理压力，还是爬了起来，可见，环境的影响无形而深刻。

白豆在小学时有闺蜜两枚，一曰菊，一曰媚。三个孩子所在的学校分属不同的层级。在这次全区统考中，白豆成绩不甚理想，且还出现了多分的误判，仍然领先菊三十多分，领先媚七十多分。而这两个孩子在各自学校的排名都比白豆要靠前。

白豆时常愤愤不平道："哼，我要是在菊他们学校……"，或者"我要是在媚他们学校……我也是学霸！"

"要是"，是表示假设的连接词，如此而已。

据白豆说，媚所在的学校已经有将近一半的学生都回了原籍，学校不得不并班教学；菊的学校也有这种情况，老师还不无焦急地催促没有北京户口的孩子赶紧回原籍参加中考，拖延无益。

白豆像是忽然受到了启发，眼珠一转，道："妈妈，我们班上也有两个没有北京户口的同学呢。"

我问："是学霸吗？"

"嗯嗯，"白豆用力地点头，"两个都是——超级学霸！"

"真棒啊！"我由衷地赞美，"客居他乡还能成绩这么好！"

"再好也没用啊，他们没有户口啊，还能和我们一起中考吗？"白豆热切地望着我。

虽然于事无补，但是挡在身前的学霸哪怕少一个也行啊。白豆大概此刻就是这样的心态吧。我心里有些犯堵，白豆之前真不是这般内心狭隘、容不得人的孩子。

我定定地看住白豆的双眸："你知道'二战'时，希特勒为什么屠杀犹太人吗？"

白豆"哦"了一声，沉默了。大概是我的语气有些异乎寻常，白豆眼神飘忽着，躲开了我的盯视。

片刻，白豆又喜滋滋地转头看着我说："嗨，无所谓，像这样的大学霸，就算没户口，学校恐怕也会想办法千方百计留住他们的，一定会！"说罢，白豆彻底释然，摇头晃脑地走掉了。

这孩子，排解得也太快了吧？她到底是有压力还是没压力呢？

博弈论中有一个概念叫零和博弈，又称零和游戏，与非零和博弈相对，属非合作博弈。指参与博弈的各方，在严格竞争下，一方的收益必然意味着另一方的损失，博弈各方的收益和损失相加总和永远为"零"，双方不存在合作的可能。也可以说：自己的幸福需建立在他人的痛苦之上，二者的大小完全相等，因而双方都想尽一切办法以实现"损人利己"。零和博弈的结果是一方吃掉另一方，一方的所得正是另一方的所失，整个社会的利益并不会因此而增加一分。

考试应该也算是零和博弈的一种。考场中，每个孩子都孤身一人与无数个假想敌厮杀，最大的梦想就是踩着别人的肩膀登顶。这样的博弈受到全社会的高度认可；在这场博弈中最终的获胜者受到所有人的赞赏和追捧。

经常会在网上看到这样的言论：将中国学生与外国学生进行比较后，会得出中国学生缺乏团队精神、合作意识的结论。更有甚者，在中国的著名高校里，还发生了毒杀室友的惨剧。

想想连白豆这样单纯的孩子都偶有闪念，盼着班上的学霸因为户口而丧失竞争的资格，不禁心寒。

孩子何罪？有罪的是我们这些成人；是规则以及规则的制定者吧。

考试，竞争，零和博弈，狼文化——人生惨烈啊。

前两天，想到这次中考语文可能会涉及科幻小说，我从网上订了两本。一本是短篇小说集，一本是阿西莫夫的长篇《神们自己》。拿到书，白豆大喜过望，立刻沦陷。二十三万字的长篇小说，一个多小时，白豆就读完了一半。

我们之前尽心培养的良好的阅读习惯，自白豆上初三以来，尽放弃了。所谓名著阅读，不过是中考范围内的区区几本——《红岩》《三国演义》《水浒传》等。阅读，不是出于兴趣，而是为了应试，立刻味同嚼蜡。想来，这是白豆近几个月来第一次读到心仪的书，甚至这书还因为与中考有关而具备了一定的合法性，书，是合法的；读，是合理的，内容，是有趣的——白豆此刻的幸福感可想而知。

灯光下，白豆聚精会神。表情恬淡柔和，眸子晶亮，发色如漆，脸上细小的汗毛微微泛着浅淡的金色。堆积如山的各类试卷、练习册统统置之度外；竞争、厮杀，以及与之相随的种种懊悔、痛切、委屈全部烟消云散；平时物理课上死板无味的质子、中子，如今在小说里，焕发了无穷的神力，扩展出宇宙的辽远以及如梦似幻的光彩。在这一刻，每一个孩子都会展现出他们神性的一面。因美好而美好，像所有的母亲在漫长的九月怀胎时憧憬祈望的——一样。

几多惴惴、忙乱、狼狈之后，春节终于来了。

每年除夕，我和豆爸都带白豆在奶奶家过，这天，是整个家族团圆的日子。等我们到达时，家人几乎到齐了。

白豆奶奶体弱多病，终于熬过了令老太太十分不安的八十四岁劫数。七十三，八十四，孔子享年七十三，孟子享年八十四。白豆奶奶在寿数上赢了圣人，自是喜气洋洋。老人乐呵呵地接受一拨拨儿孙们的拜年，然后分发红包。

大人们在厨房忙活年夜饭的工夫，白豆和她的几个堂哥、表姐每人抱着个手机各自抢红包。

白豆奶奶听着客厅里孩子们玩得热闹，也坐不住了，柱了拐慢慢走出来看，见白豆抢得投入，不由得好奇心大发，问道："豆啊，奶奶就不懂了，这红包抢了搁哪儿啊？"

白豆："就搁手机里啊。"

白豆奶奶："手机里能搁红包？"老太太困惑。

白豆："不是真的红包，就是——类似记账一样，是个数字。"

老太太恍然大悟："哦——原来是这样。那——咋把这数字变成钱，再把钱拿出来呢？"

白豆搔搔头："嗯，不清楚，我抢完都转给我妈了，反正过完年我妈就又要没收我手机了。"

老太太又关切地问："抢到多少钱了？"

白豆乐呵呵地："一毛二！"

"嗨！"白豆奶奶这回是真听明白了，一拍胯骨，"折腾半天才一毛二啊，回头还得给你妈！快别抢了，本来平时上学就辛苦，看再累着！奶奶呀，再给三百！"

白豆顿时心花怒放。

今天出门前，白豆问我："我要不要带两张练习卷到奶奶家去做？"

我说："今天过年，算了吧，过完年加把劲就行了。"

白豆矛盾纠结："嗯，不管怎么说，我之前发了五天烧，耽误

了不少时间呢。"

"那就带上吧。"我立刻应允。孩子主动要学,做家长的当然不能阻拦;两张卷子,于中考这个庞大的工程而言,杯水车薪而已,却能减轻孩子的心理负担。

除夕这天,车稀,人少。平日熙熙攘攘的首都一年一度地,又变回了宁静祥和的北京。能看出往日拥挤喧嚣的,只有此时此刻密密匝匝停驻在路旁两侧的汽车。晴空丽日下,三三两两,都是回家过年的人们。

我忽然察觉,上车后,白豆一直没出声。我侧头看,见白豆头靠在车窗上,沉沉地睡着。

不堵车,不鸣笛,安宁、顺畅,一向晕车的白豆,竟舒坦地入了梦乡。以这样的方式享受这一刻的北京,我闺女,好样的!

十九　十五岁的人生多歧路

春节大假结束，开学的日子也一天天迫近，白豆每天仍是一如既往地晚睡晚起，仍是一如既往地每天散着头发，衣冠不整地在家里忙乱——赶作业成了头等大事。

常常看见白豆蹙着眉头，翻着眼睛，掰着手指头，嘴里念念有词："……英语，还有 40 篇阅读没做；语文嘛，还剩两篇作文；数学……"

豆爸在一旁听得心焦："怎么还剩了这么多啊？离开学就剩两天了，写不完可咋办？！"

白豆嬉皮笑脸地："没问题，开学典礼是在周日下午，我估计，到那天中午吃饭前，我肯定能写完！"

"心态真好！"我由衷地赞叹。

寒假作业被耽搁成这样，说良心话，也不完全是白豆主观造成的，也有些客观原因。

因开学考试。开学前，为检验寒假期间的学习效果，初三组织了开学考试。鉴于上次期末考试中数学和物理成绩委实不够体面，白豆在假期这两科抓得紧一些，不仅率先完成了这两科的寒假作业，而且还额外加了题量。而期末考试时成绩尚可的英语和语文，则几乎置之脑后，语文作业的全部以及英语作业量的三分之二都留在开学典礼的这个周末完成，孩子们的潜力令人叹为观止。

开学考试要在两天的时间里考完五科，时间安排得很紧凑。

虽然睡了一个寒假的懒觉，但开学考试这天，白豆却也毫不费力地爬了起来。重新穿上静置了一个寒假的校服，孩子们都早早到了学校。

白豆见到了阔别一个寒假的好朋友小佳，自是乐不可支。

叙旧已毕，白豆面露几分愁容："怎么办啊？英语老师留的十四个单元的练习，我才做完七个单元。"

小佳神秘地一笑："巧了！"说着，从书包里掏出英语作业，翻开，执笔，从第八单元第一题开始写。

白豆无比欣慰——啥叫闺蜜？啥叫心有灵犀？小佳用实际行动作出了回答。

第一天考毕，白豆在假期养得粉白的小脸儿，看上去就少了些光润和血色。我问："一天考了三门，累吧？"

白豆摸摸自己的头发："不累，就是头发又出油了。"

"要不吃完晚饭洗洗头？"

白豆沉吟："嗯，还是明天考完再洗吧。妈妈，我这样儿算好的，你没看见小佳她们，早上刚进教室的时候还一个个都清清爽爽的，到下午第三门考完，全都是顶着一脑袋头皮屑出来的！"

我脑海里立刻浮现出一群倦怠、疲沓的女孩子的形象，心里便起了些疼怜。

我问豆爸:"我春节前在网上订的那只大螃蟹还在冰箱里冻着呢吧?"

豆爸点头:"嗯,春节忙忙叨叨的,倒把它给忘了。"

我说:"咱们明天晚上蒸了吃吧?"

豆爸未及表态,白豆立刻警觉起来:"为什么明天吃螃蟹?"

我对白豆的反应有几分诧异,"没什么啊,就是觉得——"

我的话被白豆打断:"妈妈我跟你说啊,我可真没把握这次开学考试能考好!"

我顿时明白白豆反应过激的原因了,连忙安慰道:"没有要给你庆功的意思,就是觉得那螃蟹冻的时间有点长,怕再放就不好吃了。"

"哦,这样啊。"白豆这才吁了口长气,放松下来。

半晌,我和豆爸都无语,此刻,心里的滋味也确实复杂难言吧。这孩子,一贯神经大条的,什么时候变得这么敏感了?

成绩,果然靠的就是"功夫"二字。白豆颇下了些功夫的数学、物理两科成绩在这次开学考试中都有了明显的提升,反之,英语一落千丈。足智多谋的英语老师这次开学考试中大量采用了寒假作业里的原题,只要认真完成了寒假作业的孩子,基本不会失手。用白豆的话说,她这次英语"相当于裸考",因此,一败涂地,理屈词穷,罪有应得,心服口服。

晚饭后,白豆一抹嘴,向我伸手:"妈妈,给我点儿钱。"

我问:"学校饭卡充值的钱不是给了吗?"

白豆翻翻眼睛:"不是充饭卡,是我跟小佳打赌打输了,要请她棒棒糖。"

"打赌?什么赌?"

"就是这次开学考试啊。"

"你输了?小佳考得比你好吗?"

"没我好啊,所以我才输了嘛——七根棒棒糖啊。"白豆啧啧不止,估计有点心疼。

原来是这样,现在的孩子真是会自我慰藉。考好了的孩子,心里高兴,也不会在乎几颗棒棒糖;考差了的孩子,好歹有棒棒糖聊以自慰，也算一种平衡，一种双赢的局面。

我一边掏钱一边道："小佳这孩子寒假的时候也一定没好好学习吧？"

白豆笑吟吟地："岂止寒假没学习啊，您不知道，那天考物理的时候，她把题做完，根本不检查，竟然用剩下的时间补语文寒假作业，哎呀，真厉害！"白豆咋舌。

我道："看来，还有比你更离谱的孩子。"

白豆嗤之以鼻地："切，小佳算好的，还有比小佳更离谱的呢！"

"谁啊？"

"菊呗！"

白豆一说，我才想起，寒假期间，白豆小学时候的闺蜜菊，几乎天天打电话来跟白豆畅聊。一开始，白豆还用家里的座机接听；到后来，菊改成打到白豆的手机上，白豆就拿着手机躲到自己的小屋里，鬼鬼祟祟。一次，在她俩通话后，我悄悄查看白豆手机上的通话记录，时间竟长达一个小时四十分钟！可疑，十分可疑！开学在即，中考前最后一个学期的冲击即将鸣枪开始，这个时候可千万不能出什么差池啊。

一天，我终于按捺不住，把白豆叫到身边严加盘问。

白豆见我一副如临大敌的样子，好气又好笑，道："老妈你可真是，你不是一直说，我这人除了傻点儿也没啥别的优点了吗？我这么傻的人，能有什么事瞒得了你啊！"

我一想，这倒也是实情。

"那为什么你和菊打电话的时间越来越长呢？"

白豆立刻面有愁容："嗨，这还真是个麻烦事——菊啊，喜欢上他们学校一个男孩儿！"

噢，真相大白了。

一说起这事，白豆立刻变得絮叨起来："……这个菊也真是，一说起这个男孩子就没完没了的，听她描述，我觉得这个男孩子也不咋样啊，学习不好，还打架，听说还在学校里因为跟别的女孩子搂搂抱抱被学校处分了，可是菊，愣是为这种人——嗯，应该怎么说好？完全是——坠入情网，不能自拔！"

从白豆的口中，我对菊多少有些了解。这个女孩子小学时曾一度患上了抑郁症。记得小学六年级时，一天晚上，菊的妈妈突然给白豆打电话，说菊离家出走了，而且不接家人的电话。吓得白豆赶紧打菊的手机，好在菊没有拒接。白豆说至口干舌燥，最终，菊回了家。这样的孩子，一般心地单纯，并有几分执拗，说白了，较劲，认死理儿。

我问白豆："她跟这个男生是怎么好上的？"

白豆立刻订正道："压根就不是两情相悦，是菊一个人在单恋！"

我问："单恋也总得有个由头吧？"

白豆恨恨地："我就觉得那个男生是居心不良！菊说，有一次，那个男生搂了她一下，就是从那一次起，菊就完全陷进去了！"

我心下明白，像菊这样不谙世事，单纯到没有防人之心的孩子，一旦有人假以颜色，其后果——

想到这里，我不禁暗暗有些怨恨这个素未谋面的男生，中考在即，这么关键的时刻，怎么能去招惹像菊这么单纯的女孩子呢？煞是可恨！

要不要告诉菊的妈妈呢？不可莽撞，万一处理不好，菊再次离家出走可怎么办？真难办啊。

我问白豆："菊上学期期末考试成绩怎么样？"

白豆努力回想："好像还行，在他们班排前十吧。"

"还好。"我暗暗松了口气，"菊再打电话来，你还是劝劝她，这种事最消磨时间和精力，要拿得起，放得下，一切等中考完以后再说。"

白豆点头，又双手托着腮，迷茫而又怅然："真没想到啊，原先曾经无话不谈的好朋友如今变成了这样，我的事她基本不闻不问，张口就是谈那个男生，除了他几乎没有别的话题，好朋友变成这样，真伤心啊……"

我忽然想起白豆小学时另一个要好的小闺蜜最近离开家去外地上国际学校了，听说她家里计划将来让她去巴黎学美术；菊又是貌合神离……人生，在白豆面前开始展现出它不可捉摸的一面。

"多歧路，今安在"，之前能为孩子们遮风挡雨的父母在莫测的命运面前显得越来越无力，衰颓；多雨的季节，风狂的午后，月亮隐没的暗夜，羽翼未丰的孩子们啊，未来的每一个日子，你们当小心慢行，祝福你们一切平顺。

二十　新学期从举目无亲开始

　　为激发孩子们的学习热情和中考斗志，白豆班主任可谓用心良苦，且手段之高妙也常令我钦佩不已。初三第二学期开学伊始，班主任老师便祭出一招——换座位。

　　白豆所在的班级整体实力较强，学霸众多。每次年级大考排名，前三十名中，一半以上出自他们班。班主任老师充分挖掘本班的学霸资源，通过大规模调整座位，将学渣与学霸进行资源合理配置，在每个学霸身边安置一名学渣，此举不仅分化瓦解了经常上课说话的学渣小团体，且充分发挥学霸们在学习上不畏险阻、刻苦忘我、勇往直前的精神感召力，并以此感化学渣、引领学渣，最终实现不落下一个人，共同奔小康的宏伟蓝图。

　　想必班主任老师是从国家脱贫攻坚的伟大国策中受到启发并举一反三，活学活用；殚精竭虑，心思伶俐，真乃人杰也。

　　但白豆的待遇略有不同。

　　上学期期末，白豆的同桌就是一女学霸。该学霸是初二时从外班转来的，与白豆并不相熟。成为同桌后，话痨白豆也使出其春风化雨的渗透功夫，不多久，两人便变得熟络起来。两个女孩子也都喜欢阅读，不愁没有共同的话题。

白豆上课说话的毛病久已有之，虽是屡教屡改，但总成效不彰，刚脱贫又返贫，陷入怪圈而不能自拔，相信老师对此也是心中有数。

初三第二学期，孩子们进入中考的冲刺阶段。估计班主任生怕白豆的散漫影响到同桌的学霸，于是，在别的学渣都纷纷与学霸一帮一一对红时，白豆却被从学霸身边调离了。

白豆的新位置很像是老师为她量身打造的——前后左右四个同学，有学霸，也有学渣，但俱是沉稳缄默型的没嘴儿葫芦，不仅沉默而且意志坚强，抗腐蚀，永不沾，任白豆巧舌如簧，曲意笼络，也是枉然。

第一天放学后回到家里，一向眉飞色舞、神气活现的白豆显得有些怅惘。

看着白豆打蔫儿，豆爸有些担心："怎么了这是？哪儿不舒服吗？"

白豆长叹一声，幽幽地说："老爸，我今天终于懂得蹲监狱是什么感觉了。"

豆爸顿时紧张起来："啥？监狱？！"

白豆继续幽怨地"每天面对四堵空墙，叫天天不应，叫地地不灵，这就是所谓的绝望吧。"

豆爸眼瞅着要急眼："到底怎么回事？一会儿是监狱，一会儿又绝望的！"

白豆这才把今天换座位的事儿原原本本描述了一遍，豆爸长吁了一口气："嗨，不就是换了个座位吗？又不是第一次，至于这么不喝水，嘴就闭臭了！

难受吗？小题大做了吧。"

白豆叹道："老爸你不懂，这次跟哪次都不一样。我如今这处境啊，啧啧，平时说得来的人现在都坐得离我八丈远，唉，我现在是举目无亲啊！"

豆爸幸灾乐祸地："切，还不是你自找的。"顿了顿，看着白豆一脸的伤感落寞，又开始同情起来："你没去找老师申诉一下？"

白豆道："去了，老师说我上课话太多，我跟老师说，我说的都是正经事；老师说，就算是正经事，也不该在上课时间说话，影响听课……唉，苦得我呀，只好多喝水了。"

豆爸："这跟喝水有啥关系？"

白豆一腔幽怨地："不喝水，嘴就闭臭了！"

豆爸眨巴眨巴眼睛，无以安慰，只好顺嘴乱扯："要说啊，现在的孩子可真是幼稚，我们小的时候，也就在小学阶段还有人上课说话，上了中学以后，就不需要老师再整顿课堂纪律了，瞧瞧你们现在，唉，太不成熟！可见如今当老师也真是不容易啊，成天面对你们这么一群熊孩子，又打不得骂不得的，还得为你们中考保驾，难哪！"之后是一声浩叹，表达了对人民教师的深切理解以及对如白豆等一众顽劣学生的无奈。

我在一旁听着爷俩聊天，心里同样满溢着对老师的感激之情，同时，也再一次对白豆未来的成绩进步有保留地持有一份期待——换到新的环境，白豆终于可以闭上嘴好好听课了吧？那么相应地，成绩也会稳步提高吧？也许——

第二天，开学考试的成绩发布了。白豆的英语成绩从上学期期末的年级前二十名一下跌落到了年级一百五十名开外。

近两年随着教改的逐步推展，中考英语试题总体呈现出难度不断下降的趋势。但白豆学校的英语老师早就为孩子们制定了更加高远的目标——完成中考，剑指高考！基于这一指导思想，在寒假中，英语老师布置了难度系数远远超过中考的寒假作业，并在开学考试中大量采用了寒假作业中的试题。只要是认真完成了寒假作业的孩子，在开学考试中，成绩均有保障。

无奈，仍是无奈，白豆的英语寒假作业是在开学考试之后到开学典礼交作业之间的一天半中完成的（其实不光完成了英语寒假作业，还见缝插针地完成了两篇语文作文），所以，开学考试，别的孩子都是有备而考，唯独白豆，是裸考。其结果，其效果，均可以想见。

下午，英语老师找白豆谈话。

老师:"这次考试成绩不理想啊。"

白豆老老实实地答道:"是,不好。"

"什么原因呢?"老师一边思索,一边翻开成绩记录本,"上学期期末——112分,不是挺好嘛。这次是怎么搞的?"

老师严肃地:"一定是寒假作业没有认真做,是不是?"

白豆认真地订正道:"不是没有认真做,是——还没做到呢。嘻嘻,我习惯于把英语作业留到最后再做,没想到这次考试——唉。"

老师登时傻眼:"什么?考试都考完了,你的作业还没做完?"这大概实实出乎老师所料,中考已到如火如荼的关键节点,竟然还有孩子从容至此!

白豆习惯性地耸耸鼻子:"嗯,这个假期,我除了写作业,还学了别的——"

老师涵养极好,此刻已经镇定下来:"你觉得怎么样?这次的寒假作业,感觉难吗?"

白豆翻着眼睛,努力回忆着:"还行吧,写得挺快的,好多题开学考试的时候都见过了……"

老师想了想,道:"从明天起,你每天中午吃完午饭,到这个办公室来找我,就在这里做两篇阅读题。"

"每天?"白豆觉得自己好像听错了。

"没错,每天!everyday!"老师加重了语气,笃定地说。

白豆快快地离开了这间在今后的一段时间里,每天要来报到的英语老师办公室。本来午饭后,白豆可以趁午休的时间与之前上课说话的"话友"们一逞口舌,以慰藉一上午都孤寂焦渴的心灵,不承想，这唯一的福利也被自己葬送了。

晚上回家，白豆向我讲述白天发生的这一幕时，我心疼的不是白豆，而是白豆的老师们。自从开学后，每天七点来钟到校，除了上课，还要批改作业，课间要接待前来答疑的孩子；中午一点宝贵的休息时间，还要用于给像白豆这样不懂事的熊孩子们加量做练习，其辛苦程度，不言自明。

据白豆说，他们班的几位任课老师的孩子都还在上小学，小学放学比较早，老师们通常是下午三点左右匆忙把自己的孩子接到学校，然后继续工作。放学后，来找老师们答疑的孩子常常排成长队，尤其是在每次考试之后，这样一来，老师们不能按时下班就成了常态。自己年幼的孩子，没有父母陪伴，就独自一人玩，玩累了，就蜷缩在办公室的椅子上睡着了。

每当我对当前的教育和考试制度心有怨念的时候，我就会想到白豆的老师们，心中的不满便大为消减。这，就是正能量的力量吧。老师们，以他们的敬业、真诚、勤勉、忘我，赢得了家长们对中国教育制度保有的最后的一点热度和希冀。孩子们，至少，要学得像自己的老师们一样做事、做人。

可恨如白豆，说起自己的老师们也是一脸的触及灵魂的感动，一转身，照样犯"二"加犯浑。教师这个职业，就是这样吧，置身于一群半大不大、半懂事不懂事的孩子们中间，教导、感染、浸润、引领他们，不惧压力，不辞琐碎，苦他们所苦甚至更苦；乐他们所乐甚至更乐。

庸常与高贵，距离只在方寸，一颗心的直径。

二十一　中考前接受挫折教育

教育改革之年，政策、趋势多变。白豆刚刚进入初三时，语文的中考分值将增加三十分的消息在江湖上广为流传，其时，除语文老师外，白豆学校的各科老师们均深明大义地弃绝山寨主义一己之利，一齐疾呼语文的重要，敦促孩子们多读书，多多益善。然而，仅仅半年不到的时间，此消息竟烟消云散，按下UNDO键后，瞬间一切复归原貌。改革的阻力之大，可以想见。

这令我更深切地理解了为什么英国有一个大党叫作"保守党"，"保守"一词，不将它置于一个特殊的语境中，原本是个中性词。

一次，与白豆无意中聊到这个话题，白豆惊诧道："咦，这不是把我们都当成小白鼠了吗？"风云流变，重要的唯有心态；作为家长，我们唯一可以把控的，也唯有心态。

进入三月，寒意渐消，万物回春。寒假期间一度较为沉寂的网上论坛也随之吹进了一缕春风——据称，有学校已通知，今年将在东城、西城、海淀三区试行中考考后报志愿。于是，有关中考的论坛里霎时热闹起来，家长们反复论辩考后报志愿的利弊、对今年中考录取的影响，以及自己娃能否在这次改革中成为获益的一方，等等。我相信，众多家长由此看到了些许希望、机遇。有分在手，乾坤朗朗。之前原本有条件与学校签约的孩子，是否会因这一改革举措而改变初衷呢？毕竟，能签约的孩子都是学校看中的优秀的孩子，此番改革，令这部分孩子的优势大增。前途，唯分是论。

此番改革中，恐怕除了那区区几所超一流的顶尖中学尚能保持淡定外，其他学校恐怕都会平添几分危机感吧，分数变成了学生和家长手里更有价值的筹码。

这天放学后，白豆一身懈怠地晃进门来，鬓角的几丝乱发更令她显得十分萎靡。

"又怎么了？"我问。

白豆卸下有如千钧的书包，一头扎在床上，呻吟道："累啊……"

累，是白豆最近的常态。每天超量的课堂练习，超量的体育加练，再加上睡眠不足，辛苦是必然的。

我在白豆身边坐下："是不是还有别的事？我咋觉得你今天不大对劲儿？"

白豆呵呵地乐起来，随后一骨碌爬起来，一脸的疲惫换成了一脸的嬉皮笑脸："你咋啥都知道呢？"

"说吧，什么事？"我表面镇定，心里却在拼命研究白豆脸上的每一点细微的神情，依据经验，估计事情不甚严重——难道，又因为上课说话挨老师骂了？不对呀，最近刚换完座位，白豆被禁言了呀，这两天也没有大的考试，到底……

我正胡乱猜疑，白豆开口道："今天，老师又把学霸们找去开会了。"

果然。我不禁暗暗吁了口气："嗨，就这事儿啊，又不是第一次了，干吗一副受刺激的样子。"我站起身来要走，扁豆还在锅里炖着呢。

白豆在身后叫道："这次不一样！"

"不一样？哪儿不一样？莫非是通知他们——集体签约？！"我立刻紧张起来。

白豆翻翻眼睛："签约倒没听说，就是通知他们从明天起开始学高中的课程了。妈妈，为什么中考还没考，而且还是在最紧张的时候却让他们开始学高中的课程呢？"

结合最近听到的网络传闻，我似乎明白了几分。学校开始动手笼络、稳定这部分优质生源了。经过近三年的查考，这批孩子的学习能力学校心知肚明，即使一次中考失手，想必在三年后的高考中，也一定会给学校以满意的回报。你报我以今天，我许你以未来。

可怜的是那些没有被叫去开会的，早早被剔除出合格品行列的孩子——比如此时此刻的白豆。

我坐回到白豆身边，凝视着白豆清澈却不乏焦虑的双眸。一向习惯于直抒胸臆的我，不得不反复斟酌用词，此时，该对孩子说些什么呢？

愤怒地谴责老师、谴责学校吗？年方十几岁的孩子就不得不被分成了三六九等，被处以差别待遇，同在一所学校，朝夕相处于一个班的孩子彼此能有多大的差距？怎知这些"等外"的孩子里将来不会有人中龙凤？然而，学校、老师也有诸多的"不得已"，面对改革，面对变迁，他们总要做出自认为适度的反应，之前是"签约"，此番是"提前上高中"，更有棋高一着的学校不是早就试行了"2+4"的培养模式？

一笑了之？不可能。孩子现在明明心绪复杂——气愤、焦虑、失落，甚至还有更多。孩子当然有权利、有理由做出这样的反应，此时，我的内心何尝不是如此？

我定定地看住白豆的眼睛，字斟句酌地说："白豆，你应该知道，在我心里，你一直是个十分优秀的孩子。"

我一边说，一边细心观察白豆表情的变化。白豆听罢，嘴角绽出一丝笑意，片刻消失，阴霾又布上脸来："哪个妈妈都会这么说，都说孩子是自己的好啊。"

"不，我现在不是作为你的妈妈在说这番话，我平时很在意别人对你的评价，我的同学、同事，那些认识你的阿姨，都对你评价很高，他们认为你是一个性格温和、心地善良、谦逊有礼的好孩子；这仅仅是外人看到的，很有限的几个侧面；除此之外，我还知道，你在十二岁的时候，就考下了钢琴九级的证书；你求知欲强，博览群书，凡事都能具有自己的独立判断——比如，你不追剧，也不追星，上QQ也很有节制，对一个孩子来说，这是多么难得的品质！"

白豆听得聚精会神，眼睛一点点变得明亮起来，我话音未落，白豆径自厚颜地喃喃道："……对啊，我这么厉害呢，我怎么忘了……"

我忍住笑，继续道："所以说，学习成绩固然重要，但那不能成为你做人的全部。今天学校的做法，在你们看来确实令人沮丧，但是学校也自有它不得已而为之的苦衷。重要的是，你要时刻明白，自己是谁；目前，什么才是最重要的。"

白豆听罢，神情渐渐放松下来，并笑嘻嘻地抓住我的手："老妈你今天可有点啰唆啊，什么时候吃饭啊？我饿死啦！"

见白豆恢复了嬉皮笑脸的常态，我知道，这番话她听进去了。

"不畏浮云遮望眼"，谈何容易！"不宜妄自菲薄，引喻失义"，谈何容易！白豆虽然宽释了，我自己其实尚在纠结、焦虑，所谓"才下眉头，又上心头"。

分数至上，分数，是竞争有限的优质教育资源的唯一利器，在分数面前，所谓高尚人格，所谓才情，所谓想象力、创造力等，皆黯然失色。

从著名的"钱学森之问"到近年来有关挞伐当前应试制度诸多弊端的文章不胜枚举。前些天，白豆还惊诧于被当作用于实验的小白鼠，几天后，就饱尝了作为人，在现行体制下被否定、被边缘化的痛与惑。

辛辛苦苦走到这里，中考，在孩子们走上考场之前，就已经变成一场挫折教育，唏嘘。

因研发蓝光LED而获得2014年度诺贝尔物理学奖的中村修二曾抨击了日本的教育制度，称大学入学考试制度非常糟糕，中国和韩国也都如此，所有高中生的教育目标都是考入著名大学。他认为亚洲的教育制度是浪费时间，年轻人应该学习不同的事情。

关于中村修二取得成就的过程，《南方周末》有一篇报道《无人相信的发明》。从这里可以看出，中村修二是个非典型的日本科学家：

第一，出身普通渔民家庭，考试能力也平平，上了日本三流大学德岛大学；

第二，他动手能力非常强：上午调仪器，下午做实验。

第三，自学能力非常强：中村对物理学具有深刻的理解，但他完全是靠自学而来的。他读的德岛大学甚至没有物理系。

较之出身哈佛的比尔·盖茨、扎克伯格等，中村修二似乎离我们更近——不论是在地域上，还是在教育环境、成长路径上。

"风物长宜放眼量"，想做到并不容易，但我们必须要有这样的心态准备，因为，我们是这个时代的家长，我们是一个孩子的父母。

二十二　非典型学霸

　　还在上初二的时候，白豆给我看过一幅在网上流传的有段子效果的图：一个据推测是被归于"学渣"一类的孩子，大概是受了什么刺激，立志发奋，用稚嫩的笔体在纸上歪歪斜斜地写下了"我要当学霸"几个大字，奈何"霸"字不会写，下半截儿"革"字旁边的部分无论如何想不起来，试了几次后，终于气馁，在最后，直抒胸臆地写道"算了"。这"算了"二字写得蔫头耷脑，完全摹画出这个孩子当时沮丧、无奈的心态。此后，每次说到"我要当学霸"，白豆都要笑软，我也每每忍俊不禁。在我俩心里，其中隐约也有着白豆的影子。

　　升至初三，班上的学霸们持续发力，其成绩、其心志，每每令白豆叹服。

　　一日课间，数学老师上完课正要离开教室，白豆班上的一个女学霸急忙追出去答疑，慌忙中，课桌上的一个小本子掉落在地上，学霸匆忙中并未察觉。倒是白豆等一众好事儿的学渣上前捡了起来，好奇地一页页翻看。

　　小本子记的是学霸在寒假期间的作息安排。本子上细密地画满了格子，记录了每天从早上七点起床，直到晚上十一点睡觉这中间长达十六个小时的学习内容，时间精确到分钟。白豆和她的好朋友小雪看后，吓得咋舌。白豆指着表格中九点半那一栏，悄声对小雪说："我每天这个时间才起床。"小雪也小声说："我也是！"两个学渣好朋友相对瞪眼，心有余悸。

再往后翻，白豆又有了新的发现——学霸执行这种近乎残酷的作息时间表，目标就是超越排名位列在她之前的一个个学霸——那些学霸的名字赫然在列，每超越一个，名字就划掉一个。白豆举头四顾，见名单上的一个名字尚未被叉掉的学霸正在不远处呆坐，于是，白豆走过去，诚心挑事儿似的把小本子给他看，并道："快看，她决心要超过你，你已经上了她的黑名单。"该学霸看罢，脸上立刻变颜变色，欲言，又止，隐忍片刻，终于一抬腿走了出去，僵直的背影上，分明写着"焦虑"两个字。

自谓得计的白豆和小雪又窃笑不止。再继续精研学霸的笔记本，见该学霸的终极目标是超越排名年级第一的超级大学霸赵某某。不知为何，赵某某名字的中间一个字被涂成了个黑疙瘩，是这个字不会写，还是……白豆先是觉得好笑——学霸竟然也有不会写的字！再思，却分明不是这么浅显的逻辑，学霸毕竟不同于学渣，一个能以坚忍不拔、百折不回的意志品质连克数个学霸的人，一个字搞不掂？白豆顿生疑窦，再思，心里竟涌起一阵寒意。

与学霸为邻，也常令白豆自惭形秽。

常态的场景是：

场景一：

老师:"请同学们把语文练习册拿出来,翻到昨天留的作业部分,我们来请同学说一下答案。"

白豆立刻慌乱:"糟了,忘了写了!"

同桌的学霸:"我做了,你要不要看?"淡然的神态中,有难以掩饰的嘲弄与倨傲。

白豆拿人家的手短,只得低声下气地:"好好,快给我看看!"

场景二:

老师在对孩子们做思想工作:"……现在你们正值青春期,会有逆反心理,比如说,当父母管教你们的时候……"

学霸小声嘀咕道:"我爸妈根本不管我!"

老师:"……再比如,应该背的课文你们觉得很烦,不愿意背……"

学霸又道:"会吗?我觉得背书挺好玩儿的!"

白豆呆坐不语,内心却已经喷涌出无数个表情包:"小样儿吧,装啥?""嘚瑟,又嘚瑟!""啥?好玩儿,你是正常人吗?"……

与学霸毗邻,白豆人生的快乐指数骤降,在她清澈欢快的人生溪流中,似乎还从来没有遇到过如此复杂错综的人格存在。

一天,白豆甚是苦恼地问我:"妈妈,你说,学霸到底是一种什么样的物种呢?"每次白豆以这样,或者相似的问题提问,都是对我三观——中考观、教育观、人才观的一次拷问。

未来尚且遥远而不可预期,我们该如何一而再,再而三地坚定

自己的意志，不为当下的情势所左右，并抚慰焦虑中的孩子呢？

这天，白豆说老师在课堂上向他们宣讲了好学生的几个标准，我问："这标准中，有没有创造力这条呢？"

白豆努力回忆后，干脆地回答："没有！"

我感受到自己的内心被揪扯了一下，"白豆，你知道比尔·盖茨吧？微软的创始人，哈佛大学肄业生；扎克伯格，脸书的创始人，也是哈佛大学的肄业生。"

白豆："他们还没毕业就去创业了？"

我答："是。"

白豆不解地："那他们创业成功后，为什么不回到学校继续读书呢？"

我说："他们改变了世界，引领了时代，这样的人，还有什么样的老师有资格教他们呢？学习的目的有很多种，也分若干层次，比如说，学有所长，可以安身立命，这是比较初级的；再比如，在学习中获得求知的快乐，愉悦身心，这算是进了一步；我想，学习的最终目的和最高层次，大概就是像比尔·盖茨和扎克伯格那样，改变世界，让人们生活得更好。"

继承，是为了发扬；学习，是为了创造。这应该是这世间无须证明的公理吧。

获得2014年诺贝尔物理学奖的日本科学家中村修二曾举例批评东亚的教育体制：

2009年发布的《中日韩美四国高中生权益状况比较研究报告》显示：78.3%的中国普通高中学生平时（不包括周末和节假日）每天在校学习时间在8小时以上，韩国为57.2%，而日本和美国几乎不存在这样的情况。中国学生每日学习的时间最长。各国学生所学内容的多少相差不会太大，那么如果学习时间过长，意味着什么？意味着复习时间所占比重过大。这是扼杀学生想象力、创造力的最大手段。

再比如，正如保罗葛兰素所说的："即使在最好的高中里学到的知识，和大学相比也是微不足道的。"以文科为例，那几本高中需要反复诵读的历史课本上的知识，和随便几本大学历史系必读书比起来如何？至于数学呢，即使是中学数学都掌握很好了，还没有学到十七世纪就出现的微积分。何况，随着知识的爆炸，1900年所有的数学知识可以塞进1000本书里，到2000年已经需要10万卷书了（德夫林《数学犹聊天》）。可见，花了人一生中精力最充沛的几年时间反复学习这么有限的知识，是多么低效的学习法啊。

那么，使用如此低效的学习方法，我们的孩子最后得到了什么：萨尔曼可汗举了代数为例子。在学习代数时，学生们多半只专注于在考试中获得高分，考试的内容仅仅是各单元学习中最重要的部分。考生们只记住了一大堆x和y，只要将x和y代入死记硬背的公式，就可以得到它们的值。考试中的x和y体现不出代数的力量及其重要性。代数的重要性及魅力之处在于，所有这些x和y代表的是无穷的现象和观点。在计算上市公司的生产成本时使用的等式，也可以用来计算物体在太空的动量；同样的等式不仅可以用来计算抛物线的最佳路径，还可以为新产品确定最合适的价格。计算遗传病患病率的方法同样可以在橄榄球赛中用来判断是否应该在第四节发起进攻。在考试中，大部分学生并没有将代数视为探索世界时简单方便且用途多样的工具，反而其视为亟待跨越的障碍。

我曾为白豆买了一套丛书《可怕的科学》，当时白豆年龄尚幼，对诸如物理、化学等学科还没有很明晰的认知。到了初三的第二学期，一天，白豆随手从书架上抽出了这套丛书中的一本，《可怕的化学》，随意浏览，不想却瞬间沉迷，不能自拔，直至津津有味地读完。白豆放下书，慨然叹道："原来，化学是这么有意思啊！"

二十三　你选择高冷还是温暖

自从与高冷的学霸同桌，白豆每天放学回来都身心俱疲。

白豆瘫软在沙发里向我哀叹："妈妈，我快憋死了！""妈妈，我的嘴都快闭臭了！""妈妈，我是不是应该多喝水啊？"……

之前，一度窃喜的我，不禁心里掂掇：这课堂纪律，不用说，一定是改善了；可让一个拿聊天当氧气的话痨立时三刻闭嘴不言，这份精神打击、心理创伤看来也不可低估啊。

煎熬了半个月，终于到了座位轮换的时候。

周一一大早，白豆不用我叫，自己早早就起身，刷牙的时候，脸上满是喜气，竟至独自呵呵地傻笑起来，白色的牙膏沫儿顺着嘴角流淌也浑然不觉。

"怎么这么高兴？"豆爸问。

白豆含着牙刷，含混不清地说："今天换座位，又有人可以聊天了！我终于暂时逃脱学霸那令人窒息的气场了！"

豆爸是个懒与人共的人，对此表示深刻的不理解："不说话有那么难受吗？"

路蜿蜒，向北大——非典型学霸养成记

妈妈，跟学霸坐同桌，我快憋死了！

白豆未及作答，我连忙叮嘱："上课不许聊天啊，当心老师再给重新你换座位！"

白豆连连点头应承："妈妈你放心，不会的！我要珍惜这短暂的刑满释放——，不对，"白豆拧起眉头，"我这应该不算刑满释放，顶多算是——假释吧，我要好好利用这个机会，过几天舒心的日子！"

听这话头，没有痛改前非的意思啊。

我又问："这次同桌的是谁啊？"

白豆道："是菁菁，我俩关系不错。"说着，喜悦之情溢于言表。

我脑海里已经幻化出白豆和一个女生眉飞色舞的热聊场景，以及老师警惕的眼睛，更恐怖的，或许今天的家长微信群里又会出现这一场景的小视频？我立刻紧张："菁菁？哪个菁菁？学习好吗？"

　　白豆正在哗哗地洗脸，听到这话，便抬起她满是水渍的脸："妈妈，我一说谁是我的朋友，你就要问她成绩好吗，都成习惯了！"洗脸时白豆摘掉了眼镜，一双黑白分明的眼睛直视着我。

　　"哦，哦，对对，这样不好。"我立刻觉得愧怍，白豆的话霎时榨出我皮袍下的"小"来。不知道从什么时候开始，一向反对把孩子们按成绩差别对待的我，在不知不觉地变成了这样！放弃自我，混淆价值判断，如此简单轻易，可见，能坚持真理者，都是伟丈夫！

　　看我愣愣的，白豆觉得是自己说话太重了，连忙边撒娇边抚慰道："麻麻——，你放心，我知道厉害了，我跟菁菁不会上课说话了。你不认识菁菁吧？她虽然成绩一般，但她很朴实，从不追求什么名牌；而且为人也很亲和，人缘特别好——"

　　我也放松下来："知道了，快去吃早饭吧，别迟到。"

　　白豆雀跃地走了，对她来说，今天无疑将是阳光明媚的一天。

　　我则依然沉浸在刚才的话题里。是啊，从什么时候开始我把"是否学习好"挂在口头上，而且以此来判别白豆身边的一个个稚气未脱的孩子呢？不记得了，但显然，我已经习惯这样的提问，习惯这样的判别了，所以才会在不经意间一次次脱口而出。白豆一定是经历了"不以为意、在意、惊诧、忍耐"这样的过程之后，终于才在今天提出了异议。当我在长久的纠结之后，最终决心以"非典型"的意义和形象去接受自己的孩子；可当面对别的孩子，我却依然如此偏狭。修养啊，又一次露出了破绽。

"幼吾幼以及人之幼"，孟子的理想呼唤博大而高贵的人格，非宁静无以致辽远，不宽广无以至大海。难哪。

我想起白豆向我讲述的一件旧事。

那大概是白豆上初二的时候，一次期末大考完结，依照惯例，语文老师把这次考试中涌现出来的优秀作文集纳成册，并下发到人手一本，供同学们学习借鉴。同时，老师在分析试卷时，也会依据这册优秀作文有的放矢地进行讲评。

从小到大，我从没给白豆买过任何一本作文选。在我看来，应试作文规范有余，而养分不足。比作文选精彩百倍、千倍的名篇佳作俯拾皆是。在阅读一事上，开始时，要有高起点；入门后，要有高水准的作品贯穿全程；孩子一旦具备了一定的阅读鉴赏能力，应试的技巧问题，不过是枝节，稍做点拨、训练，即可迎刃而解。

正是基于我的这般理念，白豆也一向对老师辛苦选印的所谓"优秀作文"不甚看重，拿到手后，略翻了翻，便撂在一旁。课间时，白豆注意到一些同学手拿作文选在评头品足，心里还颇为不屑。

语文课上，老师从作文选中选择了一篇得分很高的范文进行分析讲解，这时，课堂上竟起了一阵小小的骚动，一些同学在交头接耳。

老师也觉出了异常，于是停止讲课，疑惑地问道："同学们对这篇文章有什么不同看法吗？"

老师的目光在教室里逡巡，大家面面相觑。

静默，教室里的气氛有些异样。终于，一位男学霸率先站了起来："老师，这篇文章是抄袭的！"

"没错！"

"对，就是抄的！"

"我在别的作文选里也见过这篇！"

有人带头，大家放开胆子，七嘴八舌地纷纷附和。

老师心下暗暗吃惊，但仍保持镇定："真的？你肯定？"

看到有众多同学附议，男学霸胆气更壮："没错，就是抄的，而且是原封不动的抄袭！"

老师此时已经有了对策："好的。这件事我们会进行调查，如果属实，也会做出相应的处理。现在我们继续上课，我们换到下一篇文章。"

目睹了这一切的白豆不禁目瞪口呆。

老师果然信守承诺，经过调查，那篇范文确属抄袭，随即，这篇作文的成绩被取消。文章的作者是年级里一位名声响亮的学霸级人物。

白豆向我讲述此事时，始终是一副心有余悸的样子，而且对那位被取消成绩的学霸甚是同情："……他该多受打击啊，不仅难过而且还难堪啊，他以后怎么面对大家啊……"

而我对此事件的解读则与白豆不同：

其一，一些孩子在巨大的竞争压力下，为争取高分，已开始模糊道德界限；幸得学校做了及时妥善的处理，看似虽有几分残酷，却是"以霹雳手段，显菩萨心肠"，彰显做人做事的规则，对当事人及全年级的孩子们都是一次教育。

其二，在我眼中，同类的作文选可谓汗牛充栋，但仍有那么多的孩子一眼便识别出了那篇抄袭之作，可见孩子们对作文选的了解和熟悉程度，有多少孩子的本应无比精彩的阅读体验是在作文选中完成的，由此可以想见。细思之下，令人不胜惋惜。

时日久了，估计白豆早已将这事忘到九霄云外，于我，也已经深埋在记忆深处，直至今天，我被白豆早晨的一番话所触动，此事，方缓缓从心底的某个角落浮现，初始模糊，继而清晰，最终十分锐利地再次让我感受到一种刀锋的刺痛和冰冷，甚至，后怕。

想想白豆对菁菁的评价——"她虽然成绩一般，但她很朴实，从不追求什么名牌；而且为人也很亲和，人缘特别好——"

在经过了与学霸长达两周的不愉快的，甚至是带有逼仄感的相处后，白豆更看重菁菁性格当中温暖的一面，朴实，亲和，抛开中考的环境压力，这样的孩子当然比高冷的学霸更有人格魅力，这才应该是正向的价值判断，白豆在这个过程里，无意间懂得了这一点。

此时此刻，我想我应该豢着胆子，对明朗的白豆，对仍有几分心绪复杂的我，对众多与我一般或者超越了我之境界的中考生家长们，说一句：在漫长崎岖的中考路途上，我们的孩子仍在利用一切机缘，用眼睛寻找阳光，用心灵完成他们精神的成长。幸甚！

二十四　及笄之年也是志学之年

　　这两年语文中考的试卷中，越来越多地体现了中国传统文化的内容，因而，白豆的语文老师时常将这方面的知识点作为作业布置下来。这一天，老师要求孩子们学习古人对年龄的特殊称谓。

　　吃完晚饭，白豆听话地打开电脑，从网上查找相关的内容。

　　片刻，便听白豆惊呼："啥?我都已经不是'金钗之年'（十二岁）了！"俄而，又惊呼道："啥？我连'豆蔻之年'（十三岁）都过啦！"

　　继而，自言自语道："那我现在是及——及啥？"白豆扭头问我。

　　"及笄，你现在是及笄之年。"我淡定道。

　　"及笄？"白豆困惑，"啥叫——'及笄'？"

　　我忍笑解释道："笄，就是古代女孩子扎头发用的簪子，女孩子到了十五岁就要把头发扎起来——准备嫁人！"

　　"啥？嫁人！"白豆仿佛受了惊吓，可怜巴巴地望着我。

　　我郑重其事地点头："对呀，嫁人。中国古人在大多数情况下使用虚岁，但只有三个年龄例外——周岁，女子及笄，男子及冠，

及笄之年

使用实岁,表示重视。'及笄之年'和'及冠之年',是古代男女成年人的'大节日',从这年生日开始,就是男女青年最适宜的婚嫁年龄了。"

白豆对空翻翻眼睛,表示不服:"刚刚十五岁就是成年人了?弄错了吧?咱古人可够早熟的呀。"

我正色道:"肯定错不了,这事是明明白白记录在典籍里的,有据可查。而且,"我顿了顿,"你知道吗?明朝的时候,皇帝规定,男孩子十六岁要娶老婆,女孩子十四岁要嫁人,否则是要罚款的!"

"啊?还有这事?"看我一本正经,白豆彻底傻眼。

白豆班上至今尚无公开的早恋情况发生，但少男少女间最初的朦胧的情愫，也无可避免地悄然在这些及笄之年的孩子心里萌芽。这些羞赧的，小心翼翼而又半遮半掩的行止，落在尚且混沌未凿的白豆眼里，往往成为她吐槽的槽点。

白豆大吃大嚼之际，最是她眉飞色舞、指点江山的时候，也每每令我和豆爸既忍俊不禁，又不由得摇头叹息。

这天，白豆又放肆地臧否人物："妈妈，你看某某，多冷的天啊，竟然早早把秋裤脱了，上课的时候还故意把裤腿拉上去，露出一截脚脖子，她皮肤那么黑，脚脖子又不好看，啥意思嘛！……"我一边听白豆说，一边在心里拿白豆跟这个孩子作比较，春分已过，我严格遵循"春捂秋冻"的祖训，没怎么敢给白豆减衣服。白豆到现在都还穿着厚秋裤，秋裤的裤脚也按照幼儿园时培养出的习惯，紧紧地扎在袜子里，严密又暖和。

白豆又道："还有某某，作为女生，跟我们女生说话时高门大嗓，完全一副女汉子做派；可是一跟男生说话，立刻变得莺声燕语，娇羞得不得了。不好好说话这还不算什么，她还动不动就扯起袖子遮住半边脸，拿她的衣服袖子当琵琶了，真是让人看不下去了，鸡皮疙瘩掉一地啊……"白豆说着，不时摇头感叹。我也感叹，感叹的却是白豆与人家同龄，至今却仍然只会以一副娘胎里带来的本真面孔示人，不知变通，不懂转圜，且对女孩子应有的各种柔媚小意儿嗤之以鼻，将来，且是不久的将来，作为女孩子一定会吃亏的吧？

"还有某某，"白豆继续逞口舌之快，"她去老师办公室，就只把她喜欢的那个男生的作业本给带回来了，我是她的同桌好不好，连我她都不管，还有没有点儿同桌之情？！"说到这里，白豆语气里竟生出几分义愤。

豆爸大概实在是听不下去了，嗽了嗽嗓子打断白豆道："咳咳，我认为，你刚才说到的这些女生的种种表现，都是很正常的。毕竟年龄到了，就像春天来了，你能拦住小草不发芽、桃树不开花吗？所以，不要大惊小怪，以平常心看待吧。"

白豆不服："什么？她们这算正常，那我呢？我算不正常？"

豆爸一时语塞，求援似的看我。

我心里明白，豆爸必然是认为他闺女确实还没开窍，却又不忍点破，唯恐伤及孩子；加上反应又不够机敏，此刻，竟像是被他闺女问住了。

我只得又现身圆场："哎呀，也无所谓谁正常，谁不正常，闻道有先后嘛，像你们的成绩一样，既有先知先觉，一路领先的，肯定也有后知后觉，后来居上的，是不是？"

"这种事，还能后来居上？"白豆眉头挑起，继续表示不服。

我也觉得这个比较确实不大恰当，似乎又找不到什么话辙转圜，只得呵呵一笑，转了话题。

仅仅是在一百年前，及笄之年的女孩子绝大多数都要走上婚礼场，之后便是终生的操持家务，相夫教子；而今天及笄之年的孩子，大多数将走上中考的考场，面对人生的第一次重大挑战。生命的轨迹迥异若此。

然而，似乎，还不止于此。

周六的下午,我闲来无事,忽然想起白豆的小褥子的布罩很旧了,早就想重新做一个,今天刚好有时间。于是,我从柜子里翻出一卷几年前买下的布,又找出剪子、针线盒,准备操练。

白豆刚吃完午饭,正歪在一边发呆,见我行为异常,一双眼睛便骨碌碌地围着我转。也是,现在生活方便,有了有求必应的互联网,轻易用不着做针线活了。

我裁量好尺寸,用剪子在布边上铰出一个小口,然后用力一扯,"刺啦"一声,布料整齐地被一撕两半。白豆惊得坐起:"妈妈,你的手劲可真大啊!"眼里满是惊讶和佩服。

我不由得失笑:"其实你也可以啊,要不要试试?"我把刚裁下来的一段布条递给她。

白豆连连摇头敬谢:"我可不行,我没这么大劲!"

我鼓励道:"试试吧,结果可能会吓你一跳哦!"

白豆终于禁不住诱惑,接过布条,也学我的样子,在布条的顶端剪出一个小口,然后两手攥紧布条的两个角,使出吃奶的气力,将布条向两边用力分去,只听得"嗤"的一声,布条被顺利地分成两根。

白豆大喜过望:"真的哎,我撕开了!"

我笑道:"你看,不难吧?"

白豆立刻对撕布产生了浓厚的兴趣,兴致勃勃地尝试了第二次、第三次……"嗤","嗤"连声,一会儿的工夫,白豆手里的布条变成了一根根不足一寸宽的"绳子",在她身前堆成一小堆。看着自己的战果,白豆得意极了,大概撕布条也是一种很好的减压方式吧。

白豆停住手，却摆出一副格物致知后大彻大悟的架势与我交流她此番撕布条的感受："妈妈，我以前，看到电视剧里那些歇斯底里的女人动不动就撕衣服，我就想，这疯女人的力气可真大啊；还有，小的时候看童话故事，常常会看到这样的情节：一个公主爱上了一个贫穷的男青年，国王为了把他们分开，就把公主关进古堡，钥匙掌握在国王手里。被关在城堡里的公主就偷偷地把床单撕成布条，再用布条拧成绳子，就用这绳子从城堡里逃脱，和她的白马王子私奔。那时候，我就想，公主不都应该娇弱得手无缚鸡之力吗，怎么还能撕得动床单？这故事一定是编的！没想到，这事儿真的不难呢！"

撕布这么简单的事，着实让白豆感慨良多。

而当我，以及我这一辈的女人，像白豆这个岁数的时候，别说撕布了，简单的针线活儿早就被家里的女性长辈教会了；除了针线活，每逢妈妈开始织一件新毛衣，起好针后，妈妈就会交给我，让我用平针或者其他不很复杂的针型一直织，直到身子的部分基本成型，待要分针了，妈妈才会又接过去完成其他复杂的操作。一旦做得不好，还会受到这样的训斥：手这么笨，将来谁会要你？！当时敢怒不敢言的我就常常在心里忤逆地顶嘴道："没人要拉倒！"虽然腹诽若此，手里却一点不敢怠惰。就这样，我上大学时，毛衣、围巾等基本可以自力更生、自给自足了。此外，我还会一点钩针……在我们那一代人眼里，生活、女人，原本就应该是这样的，这是本分，是必修课。那时在大学的女生宿舍里，常有两三个同学在同时飞针走线，除了考试、男朋友，新颖的编织技法，也是女孩子们在一起聊天的内容。

可现在的女孩子，不知稼穑，疏于女红。每天游走在校内与校外课堂和家之间，埋头刷题的工夫，时光飞逝。世界真的变了。

在中国的传统文化中，关于十五岁，还有一个说法——志学之年。语出自《论语·为政》："子曰：'吾十有五而志于学，三十而立，四十而不惑，五十而知天命，六十而耳顺，七十而从心所欲。'"所以后代称十五岁为"志学之年"。我想，这多半指的是男孩子。

而今，无论男女，十五岁都是志学之年——唱着号子，步伐齐整，目不斜视，走向中考，瞩望高考，并遥望学海无涯。

陪伴一旁的家长默默祝祷：不求领先，切勿掉队！

有人知否，统一的校服下面都是一颗晶莹五彩的心和热烈奔放的灵！

欲说还休，欲说还休，却道天凉好个秋。辛弃疾的词，咀嚼到今天，懂了。

二十五 老师口中的"学习状态"到底是什么

到了初三的第二学期,"状态"成了白豆班主任老师嘴里的高频词,如某某状态非常好,某某仍然没能进入状态云云。除了成绩之外,"状态"成了老师在临考前对孩子们进行心理与精神提调的又一利器。

据此标准,白豆的"状态"依然算不上好——上课说话,课间嬉戏,回家懒散;与之相反,学霸们都很早就进入了"状态",上课永远专心致志,一丝不苟;课间和午休时间,除了答疑之外,似乎永远在不知疲倦地刷题不辍。听白豆说,不少学霸还报了不止一个课外班,负担之重,可想而知,再加上每日例行的中考体育科目的训练,白豆一个课外班没报尚且体力透支,天天睡眠不足,那些孩子真的个个精力过人吗?

面对我的疑惑,白豆回答说:"他们也累啊,常看见他们上课的时候趴在课桌上听,但人家有毅力。"

是啊,所谓"状态",就是毅力的外化。白豆班上的孩子,绝大多数都是独生子女,智商想必都相差无几,只是家庭教育、骄纵程度有所差别。历经了半年多高强度的应试训练,此时,疲惫、厌倦一齐袭来；加之在今天这样多元化的社会里，中考并非人生唯一出路，白豆的同学里已有放弃中考转读民办国际学校的。重压之下，错综纷繁的环境中，谁能动心忍性、矢志不渝；谁更咬紧牙关、坚忍不拔，谁就能最后胜出。"状态"约等于"毅力"。

我现在似乎更明白为什么美国的小孩子从小就要参加体力消耗极大的各种体育项目，借此，培养了孩子们的团队精神，同时，其优良的意志品质——顽强、拼搏、坚韧、百折不回，也得以养成。

孩子到了十五岁才想起培养他们的意志力，确乎晚矣。为此，我也很是痛悔。

想想在白豆小的时候，我也确曾想过要培养她具备一项体育特长。白豆小学二年级就已经患上了近视，听说打乒乓球对近视有一定的疗效，于是我在一家乒乓球俱乐部给她报了名。教练是一位六十来岁的长者，耐心、慈和，教学也以鼓励为主，课上，老教练一边与孩子对打，一边连声高喊"对，就这么打！"，"好，打得好！"，"再使点劲儿！"……一堂课下来，实在累得不轻，较之很多心思伶俐、欺孩子年幼就偷懒糊弄的教练，老头儿要勤恳敬业得多。尽管如此，白豆仍然热情不高，每次上课前，都会找各种理由推托。即使勉强去上课，打不到十分钟就要求休息，一次课下来，通常休息时间长过训练的时间。老教练还常常买些铅笔、橡皮之类的小文具奖掖她，依然效果不彰。当时我想，或许是白豆这孩子生性敏感，实在不适应这么激烈的对抗氛围吧。不久，我终于气馁，说服了自己，白豆就坡下驴，痛痛快快地放弃了。之后很久，我心里还在深深地惋惜，并且，因此而给白豆开了做事可以半途而废的先例，其负面影响必在日后显现吧。

如果，我当时咬牙坚持，也许，白豆今天的状态会全然不同吧，不论是体力，还是意志力。家长轻言放弃，无论以何种理由，日后看来，都是一种骄纵。悔之晚矣。

离中考还有三个多月的时间，三月中旬，不少学校为初三的孩子们举行了"百日誓师"。以仪式感彰显一次考试的重要性，这恐怕也是中国特色吧。由此，中考与人生的内在关联再次被高调地凸显。

听说自己学校的"百日誓师"是在郊区举行，于是白豆顺理成章、化繁为简地把这一意义重大的仪式理解为一次春游，提前几天便开始为自己在那一天要消费的各种零食而操心劳神。

到了正日子这天，白豆一早起床，将筹备的各种零食，加上水、零钱、手机等一包兜起，迎着朝阳，意气风发地出发了。

出门前，我特意嘱咐白豆换上了一件颜色艳丽的羽绒服。我知道老师一定会在家长的微信群里以照片或小视频同步"直播"誓师的盛况。场面盛大，人头攒动，到时就只能靠衣服的颜色来寻找定位白豆了。

果然，上午九点多钟，就开始有随行的家长从前方发回图片，微信群里也霎时热闹起来。

春寒料峭的季节，孩子们都穿着厚重的外套，但统一的浅色校服裤子、整齐的队列以及招展的旗幡横幅，仍传达出现场肃穆而热烈的气氛。

照片无声，但相信此时此刻，每位在微信群里的家长都免不了一番心潮澎湃——能与孩子感同身受的，便是父母。

  仪式似乎算是简短，之后，是孩子们的自由活动时间。男生们围坐在一起，一人站立讲话，坐下的多人争相举手，像是在知识竞赛；一段小视频里，一群女生在做游戏，几位著名的学霸也在其中，离开课堂和考场，学霸们也一如其他少女一般阳光、稚气、娇羞。早春时节里，孩子们在艰难的中考跋涉途中享受难得的短暂欢愉，身体放松，性灵解放。

  因为有不止一位家长在微信群里发照片和小视频，因此，信息量巨大。我则瞪大眼睛，在一帧一帧的照片里寻找白豆的身影——有时是背影，有时只是个侧脸，在年级合影中是沧海一粟，唯有一张照片——三分之二的画面都被一群围拢嬉笑的孩子们占据，白豆只在右下方的角落里，她独身一人，嘴里衔着根她最爱的棒棒糖，神情恬淡，目光惬意，微微地望向画面之外；身后是近树远山，薄云轻霭，白豆悠然忘机，俨然隐者一般。我在心里轻笑，这才是白豆生命的"状态"，朴实，无华，恬静，真淳，自得，自在。

  想来这样的"状态"必不为老师所赏识。

与高冷的学霸同桌，对白豆而言，尽管在精神上受了些磋磨，在校的时间里，也少了些乐趣；但学霸的勤奋仍然给了白豆不小的触动。当她及一众学渣跟着老师的指挥棒忙得屁滚尿流，学霸却气定神闲地又一次超额完成作业；好不容易，学霸偶发了聊天的兴趣，抛出的竟是诸如"学习真的能改变命运吗"这样的人生大课题与白豆探讨，问得话痨白豆张口结舌加干瞪眼，心里实在搞不懂——为什么要改变命运？难道现在的命运不好吗？学霸真是一种怪异的物种，为什么总是跟我想的不一样呢？

　　我所在的小区是一处已建成三十年的老小区，没有物业公司管理，因而环境差，私搭乱建严重。十多年前，小区里来了一对河南夫妇，他们租住在一间狭小的违章建筑里，不久，两个儿子相继出生。老大比白豆大两岁，老二比白豆小一岁。夫妻二人以蒸馒头为生，每天清晨，都能看见那个健硕的丈夫骑着三轮车给附近的餐馆和超市送货，三轮车上冒着热气的笼屉摞得老高，一天天，一年年。就这样，两个儿子飞快地长大。我只记得两个孩子小的时候常常冬天一身土，夏天一身蚊子包，天天在小区里疯跑疯闹，就这样，他们长大了，个子早就超过了父母，老二的身高足有一米八。两个孩子就在小区划片的小学读书，离住处一步之遥，免去了家长接送的麻烦，父母可以专心照顾生意。前两天，哥哥从大家的视线里消失了，大概是初中毕业了，回到老家读高中去了。弟弟去年也上了中学，我曾看见他穿着某某附中分校的校服在小区的花园里打游戏，我问："哟，都上中学了，这中学不错嘛。"弟弟头也不抬淡定地答道："就是原来的某某中学，现在改名了。"一口标准爽利的普通话，与他操浓重河南口音的父母已全然两样，口音标示了迥异的成长背景。

他口里的某某中学,是我们这片区里名声最差的学校,有孩子的家庭纷纷避之唯恐不及。但是他,平静地接受了。他当然知道这一切,但是,也许这里最差的中学也比他家乡的学校要好些吧?而且,他已经算是幸运,尽管住的是没厕所、没厨房的冬冷夏蒸的违章建筑,却从小在父母身边长大,没当留守儿童;他也与同龄的北京土著孩子一样,从小见惯了大都市的喧嚣繁华,这也胜过留在家乡的许多孩子吧?三年初中后,他注定是要像他哥哥一样回到家乡,那时,渐渐长大成人的他该如何决断自己的人生方向?努力学习,高考时以优异的成绩考回北京,毕业后在这个不是故乡却胜似故乡的大城市扎下根来。不再住违章建筑,夏天不挨蚊子咬,冬天手上不再生冻疮,不再像父母一样靠辛苦出力为生,要让自己的孩子上北京最好的学校,抬头挺胸做一个真真正正的北京人!这该是多少这样的孩子终极的热血梦想!

靠学习改变人生,将学习奉为圭臬,将考试视作机会的,应该就是这样的孩子。

因而,像白豆以及许许多多像白豆一样的孩子,如果学习不能带给他们快乐,学习就只是苦役,他们永远不在状态。在自由的阅读中,他们体验过真实的快感;在应试训练时,他们忍受重复与套路的烦冗。一真一伪之间,他们必须抉择。所谓"状态",意味着一种态度、一种决绝。

在春潮涌动、万物尽显性灵的互联网时代,我们应该直面的不应该再是"学习将如何改变命运"这样的老调重弹,而是"如何学习才能成为更好的自己"这样当下的、闪耀着人性光辉的时代教育大课题,不是吗?

二十六　初三生活单调，如何获取作文素材

到了初三的第二学期，在浓重的中考氛围裹挟下，大多数孩子的生活都逐渐单调成了两点一线，从家到校，从校到家；之前多彩而有意蕴的生活都淡化成了朦胧的水墨背景，如丝如缕，似有若无，当面的只有火红的"拼搏"二字，醒目遒劲。

吊诡的是，你所失去的未必能够平衡你所得到的。

前不久，在一次语文的区统考中，给出的一篇小作文的题目是：对北京颐和园的两条经典游览线路择一予以说明。事后想，这题出得实在有水平：既检验了学生们写说明性应用文的能力，同时还考查了孩子们对位于北京的世界文化遗产的了解程度，暗合了中华民族优秀传统文化的查考目的，且契合了家国之爱的道德要求。十分的一道题目，考得孩子们哀鸿遍野。白豆拼命回忆小的时候我带她去颐和园时，为她讲述的有关佛香阁、昆明湖等的简单知识，本着"知道的多说，不知道的少说"的原则，有详有略地勉强拼凑成文，结果也还算令人满意。之后，白豆心有余悸地说，幸亏考的是颐和园，要是考天坛啥的，我就只能干瞪眼了。

我道："天坛？小的时候不是也带你去过？都不记得了？"

白豆一脸无奈:"我只记得说话有回声的回音壁,就那个好玩;还记得去的时候天好热,我吃了一大碗冰激凌,别的全无印象,咋整?"

能"咋整"啊?现整呗。

寒假里,很多家长和孩子挤出时间,在寒风凛冽的冬日,匆匆"学习"了北京的几处世界文化遗产。

由此可见，语文成绩，反映的是积累，无论课上课下。

书卷中，春光里，只要他们双眼微眯，神情恬淡，心底的旋律或低回微澜，或冲折跌宕，或辽远，甚或留白，他们就是在感受，在呴吸，在学习，在成长——以他们陌生却欢喜的方式。我始终认为，让孩子们疏离这样的成长方式，是他们一生的损失，无可挽回。凡事都有时机，学习是这样，成长也是。

只是，中考步步迫近了。

一天，白豆愁苦地皱眉道："妈妈，我这次月考，我的数学超过了我同桌的学霸十分呢！"

"真的？"我不禁喜出望外，数学可是白豆一向最头疼的科目了。"看吧，刷题还是很有效果滴，所以说，水到渠成嘛。功夫到了，成绩自然就上去了。"我立刻主动替白豆总结经验。

白豆倒有些怅然若失："可是，我越来越发愁语文了。"

"语文？怎么会？这不是你最有把握的科目吗？"

白豆解释道："以前是啊，那是因为我看的书多，去的地方也多，所以不愁没有作文素材，可是现在，除了中考要考的《三国演义》《水浒传》啥的，别的书基本没时间碰，更别提出门了。我现在写作文的时候，我自己都觉得状态很不好呢。"

唉，老问题看似要解决，新问题立马又来了，真是一地鸡毛啊。

临近中考，连续的、大批量的各种考试中，很多问题接连暴露出来，令人心焦。我深知自己的脾气比白豆要急上百倍，但我努力劝服自己克制，不敢在白豆面前表现出一点忧虑或焦躁的情绪："嗯，你说说看，写作文的时候，状态怎么不好？"

白豆努力回忆摹想:"以前写作文的时候,觉得可写的素材很多,顺手拈来,从头到尾,一气呵成。斗胆称之为'行云流水'吧。可是现在,首先发愁写什么,脑子里空白一片;好容易编出个故事,写起来又觉得很不顺手,一硌楞一硌楞的。本来想着应该挺有意思的故事,写出来一看,索然无味。这样的作文,肯定拿不到高分啊。"

我沉下心来想,当然是这样。孩子的业余生活几乎没有,课外阅读也几近压缩到零,失去了生活本身和文字的滋养,再缺乏练习的机会,笔下文字自然面目可憎,乏善可陈。

不恰当地类比一下,才高如柳永,也须在烟花柳巷浅吟低唱,才赋得"念去去,千里烟波,暮霭沉沉楚天阔"如此情深沉郁。

没有别的办法,找吧,将自身的周边挖地三尺;将略过眼眸的每一条信息、每一缕风过筛过箩。从提炼生活到提纯生活,以小见大,见微知著,这,是一种态度,也是一种功力。

前不久,白豆患上了重感冒,一把鼻涕一把泪,状态很是糟糕。我带她去了离家最近的一家三甲医院。

这家医院的儿科,在白豆小的时候,是我和豆爸最经常光顾的地方。年龄渐长,白豆的体质也渐渐强健起来。不知不觉间,一晃我们已经有几年没来了。

熟门熟路地,我们挂完号,在儿科诊室门口候诊。

心里着急,感觉等待的时间无比漫长。

我与白豆耳语:"奇怪啊,以前这间诊室的老大夫看诊很快的,今天怎么这么慢?"

白豆也有同感:"刚才有病人出来,我从门缝里看见,好像以前那个奶奶不在了，换了个年轻的姐姐。"

"是吗？难怪。大概是刚毕业的吧，业务还不很熟练。"我臆测道。

终于轮到我们。进得门来，果然，坐在桌旁的是一个年轻的女医生。即便是坐着，也能揣度得出她身材娇小；马尾辫，黑框眼镜，还没有脱去大学里常见的理科女生的形象。只这位女医生一张口，我们便马上感受到她的独特。

她先是礼貌地冲我点头，又友好地示意白豆坐下。全没有之前老大夫的权威以及肃杀之气。

看她耐心地问诊，我似乎才明白为什么我们前面只有几个病人，却排队排了那么长时间。

中途，有别的医生请她过去临时处置一下别的病人，她一边起身，一边连声冲白豆道歉。倒弄得习惯了被漠视的我们有几分不安。

诊室里一时只剩下我和白豆，我示意白豆看医生的办公桌。桌上，一根长钉子上已经扎了厚厚的一摞挂号条，白豆见状，由衷地感叹："这个姐姐都看了这么多病人了？真辛苦啊。"

我的眼睛四下逡巡，果然又有所斩获。我指给白豆看电暖气旁边的一个不起眼的角落。角落里放着一只放了些杂志和病历的纸箱子，箱子上，竟卧着一只肥硕的白猫。

"一只猫！"白豆叫出了声。

睡梦正酣的猫被惊醒，懒懒的睁眼看了看我们，随即又沉入梦乡。

白豆小声道："医院里怎么会有猫？"

我未及回答，白豆复自语："看它的毛色有些脏，是流浪猫吧？"

外面这么冷,一定是医生姐姐好心,收留了它。"

这时,年轻的女医生匆匆回到了诊室。

问清了白豆的症状,女医生开了几种药,并细心交代了每一种药的用法用量,最后还一再嘱咐要好好休息,多喝水。

离开医院时,我问白豆:"今天的所见所闻,能不能写篇作文呢?"

白豆立刻一副"于我心有戚戚焉"的神气:"当然!猫的慵懒与医生的勤勉正好形成鲜明的对照呢。更何况——"白豆眼波流转,"那只猫的毛色是白的,医生姐姐的工作服也是白的,可以大大地抒情一番呢!"

白豆立刻学会了将她庸常的现实生活进行升华。

之后,白豆果然依据这一素材写了篇作文,并取得了不俗的成绩。

一晚,正看电视。新闻里正在报道台湾的一幢高层建筑发生因煤气泄漏而引发的火灾。全楼上安全疏散到楼前的空地。画面上,消防人员攀爬上楼面救火,被疏散的居民聚集在一起交谈。我突发感慨:"如果不是因为这场事故,这些住在高层建筑里的许多人,恐怕一生也不会彼此说上一句话。"我说完这话,白豆异乎寻常地深深地看了我一眼。

之后很久,我才知道,我的一句话竟深入到白豆的内心,她把这个场景搬到了她的一篇作文里,并灵感迸发,在文中想象出一个小男孩,这个孩子把疏散时从家中带出的一瓶水慷慨地赠与了文中的"我"——一个素昧平生、正焦渴难耐的小姐姐。此举更令"我"深刻感知人情之暖,人性之美。这篇作文也博得了老师的赞赏。

又一晚,白豆写作业,我陪在一旁看书。夜色深沉静谧。

忽然，楼下传来一阵呵斥声，随后是孩子的哭闹声。谛听良久，我听出是楼下住着的一位母亲在高声责骂她的孩子，隐隐约约地，似乎还有捶打的声音。那孩子年龄尚幼，哭得声嘶力竭。我与白豆相视，无语。良久，那位母亲像是打骂累了，声音渐歇，孩子像是还在吞声啜泣。

白豆目视我："妈妈，我现在觉得我真是幸运啊，没有碰上这样的父母。"

我说："知道我在想什么吗？原来，失去理性的父母竟是这样的丑陋。"

见白豆仍然沉浸在刚才的气氛里，我不由得提醒道："不早了，快写作业吧。"

白豆神情郁郁，手托下巴，两眼空蒙："我要再感受一会儿，也许能写篇作文，也许——"

从提炼生活，升华生活，到感知生活，咀嚼生活——中考，依然没能迟滞白豆成长的脚步，感谢生活。

二十七　在医院里感悟爱与痛

三月，北京的很多学校都为初三毕业班的孩子们举行了百日誓师的盛大仪式。这场仪式过后，白豆们就进入了面向中考的最后冲刺阶段，作为家长，压力、焦虑等也如这个季节常有的尘霾一般在心里层层累积，你虽然感觉不到那尘霾实际的重量，但却艰于呼吸。

工作、家务之余，难得闲暇片刻，刚刚端起茶杯，却忽然一种沉重的心绪破空而来，垂直入心，茶的清甘随之蜕变为一种钝钝的涩，或苦。像极了错泡了的茶的底味。这清甘飘忽得不大真实，只有这苦涩呈现着一种迫切的现实。

作为初三孩子的家长，我时常能感受到自己的焦虑。跟白豆比起来，我实在算得上是一个心态不好的人，但不想，这焦虑随后竟演化成一场不大不小的意外。

在单位例行的体检中，我被查出身体出了些状况，虽无性命之虞，但也不能轻忽。在医生的劝告下，我决定住院治疗。

最担心不过的，当然还是白豆。这孩子生性一派天真烂漫，心无挂碍，原本成绩就忽上忽下，很不稳定，一直是以跌跌撞撞的吃力状态尾随，再失去我在一旁的监管，她不会因此而翻身落马吧？

住院前，我决定跟白豆严肃地谈谈。

晚饭后，白豆又赖在我身边跟我一起看《新闻联播》，这是白豆逃避学习的惯用伎俩。

我："白豆——"

白豆："嗯。"

我："妈妈——，妈妈过两天可能要去住几天院。"

白豆的视线仍没有离开电视："哦，咋了？"

我谨慎地选择着字句："没什么，可能要做个小手术。"

白豆终于把目光从电视转移到我的脸上："手术？啥手术？"

我谨慎地："就是个小手术。"

白豆满不在乎地："哦，那妈妈你是不是做完这个小手术，就可以贴个创可贴回家了？"

原本愁云锁城的我，听了白豆的话不禁莞尔："是啊，贴个创可贴就可以回家了。"

奇怪，这孩子气的话竟让我心里感到一阵轻松。

白豆又道："不疼吧？"

我说："嗯，不疼。"

白豆忽然呈现出一脸认真："妈妈，你住院的时候，我可不可以在你的床上睡，然后摆一个大大的'大'字？"

白豆对这事的关注程度远远超过了我住院，唉，真是个孩子！我在心里轻轻叹息。

"白豆，妈妈最不放心你，你知道为什么吧？"

白豆立刻懂事地连连点头:"妈妈你别担心,我会管好自己的。我每天会好好写作业,然后洗脸、洗脚、刷牙、睡觉;还有——多喝水。你放心吧,再说,还有老爸呢。"

　　白豆信誓旦旦,每当这时,她都像个临时客串的、善解人意的天使。

　　放心吗?当然不,但是,又不得不放下。

　　这时,白豆的姥姥打来电话,提醒我一堆住院的注意事项,在放下电话前,最后说了句"记得多喝水啊"。白豆在一旁听见了,诧异地问:"妈妈,你都这么大了,还有人提醒你多喝水啊?"

　　我微微一怔,还真是,我自己怎么从来没意识到呢?从古至今,从黑发到白头,母亲们叮嘱孩子最多的一句话,恐怕就是这"多喝水"吧?喝水,可以止渴、祛烦、清火、排毒等等,多少牵挂、担忧，以及时间、空间带来的种种无力感，都浓重地融化在这一句"多喝水"里了。只要有妈妈在，就永远有人提醒你"多喝水"。

入院的这天，是个周日。

因为是休息日，主治医生都不在，所以仅仅是办理了住院手续。每间病房三人，临床的病友名字里有"明月"两个字，很是热情健谈。交谈中，我得知她来自河南信阳，只比我大一岁，与老公两人在北京打工。两个儿子都留在老家。明月在三年前就已经当了奶奶。想想才刚刚要中考的白豆，我心里不禁感慨良多。

明月已经被确诊为乳腺癌。肿物有鸡蛋大小，因为肿瘤太大，医生给她制定的手术方案是先化疗，待肿瘤缩小再进行手术，手术后再化疗。

虽然乳腺癌现如今的治愈率很高，但想想明月即将面临的这艰苦漫长的治疗过程，我不禁默默地为之揪心。

但明月始终心态平和。聊天中，这个只认字而不会写字的农村女性身上洋溢着一种浓烈的成就感。她在北京的一所大学里打扫学生澡堂，老公也在这学校里打零工，两口子租住在一间地下室里。就凭着两人微薄的收入，她为留在家乡的两个儿子买了房，娶了老婆。

"该我做的，差不多都做完了。"明月吁了口气，很是满足。

我问："两个儿子一直在老家？"

明月道："是啊，爷爷奶奶看大的。"

我："你放得下吗？"

明月一脸无奈："放不下能怎么办？带在身边怎么打工挣钱啊？"

随即，明月向我讲述了她的两段经历。

一次，她的大儿子被传销组织诱骗到外地，到达时便遭监禁，除非有人带钱来赎，否则不予放人。她的大儿子便给远在北京的明月打了电话。明月当即赶过去，儿子被放出来，她却被扣下，并被强行没收了手机和证件。几天后，明月趁着一次上厕所的机会跳窗逃跑，负责看守她的人穷追不舍，一直跑到火车站，明月向站里的警察求救，这才侥幸逃脱。

又一次，她的二儿子在南方某城市参加一个厨师培训班，忽发肠梗阻，情况危急。明月买了火车硬座车票赶去。临行前，她将三千元钱分做两份，用皮筋绑在脚腕子上。火车到达时，明月两腿水肿得厉害，皮筋深陷在皮肉里，钱竟取不下来……

从明月的讲述中，我体会到明月在此时面对疾病时所表现出来的镇定，来自苦难对她性情的一次次酷烈无情的磨砺。

孩子在成长过程中失位于父母的呵护，她深感愧疚，于是她与丈夫拼尽全力为两个曾是留守儿童的儿子创造了已超出夫妻二人承受能力的生活条件作为弥补。对自己长久以来的透支令她如今身患恶疾，但是，这一切，真的值得吗？我知道，这样的质疑近乎残酷，但愿，已经长大成人的儿子们，业已为人父母的儿子们能够理解并体贴他们含辛茹苦的父母吧。

医院的晚饭吃得早，饭后，明月开始在手机上看连续剧。我则被一种不安袭扰着——这个时间白豆该到家了吧？不知道今天作业多不多？今天在学校有没有发生什么状况？……

我拨通了白豆的电话，电话里，白豆依旧嘻嘻哈哈情绪正常，跟我唠唠叨叨说了些学校的趣事，并表示会管理好自己，让我放心。

放下电话，心里稍定。

之后，两个好朋友来探望，聊了会天，我始终情绪不高且心不在焉。

"要不——"我突发奇想，"我今天晚上搭你们的车回家吧？明天一早在查房前再赶回来就是。"说罢，我立刻开始换衣服。

到家时，九点刚过。见老公轻手轻脚地过来开门，我心里不禁一沉，这孩子，别是已经睡下了吧？

果然，卧室的灯熄了。我蹑手蹑脚地进屋，摸索着拧亮了床头柜上的台灯。果然，白豆肆无忌惮地将身体张开到最大，摆出一个松松散散的"大"字，已经酣然入梦。

这就是两三个小时前信誓旦旦要管好自己的白豆吗？

听见响动，白豆勉强睁开睡眼，见是我突袭查岗，歉意地嘟哝了一句"妈妈，我困……"

"好好，睡吧。"

我替白豆掖了掖被子，然后一人独坐在台灯下，内心无序凌乱。

第二天一早，白豆还在睡梦中，我就返回医院，开始了一天的各项检查；明月今天要在身体里埋管，准备第二天接受化疗。

午饭后，病房里很安静，大家都在卧床休息。轻轻地，门被推开，一个大眼睛的小姑娘走了进来，孩子一副怯生生的神情，看上去约莫有四、五岁的样子。明月一见，马上从床上坐起来，张开两臂："妞妞，快来，奶奶在这里！"我这才知道，这孩子是明月的孙女。接着，又有一对年轻夫妻尾随着孩子走进病房。年轻的妈妈很腼腆，看看婆婆，又看看我们，脸就红了。看婆婆径自把孩子揽在怀里问长问短，她只在一旁低头不语。

明月的儿子眉眼酷肖妈妈。木着一张脸进来，将病房迅速扫视一遍，见墙边有把椅子，立刻坐下，从口袋里掏出手机低头摆弄起来。据我观察，从这时起，一直到几个小时后他离开妈妈的病房，视线从未离开过手机。

明月一边逗弄孙女，一边见缝插针地跟我聊上几句。我这才知道，儿子、媳妇这次带着孩子过来，并不完全是为探病。因明月住院，她怕因此而丢掉在大学清扫澡堂子的工作，于是把儿子媳妇叫来替她些日子。

下午，明月的老公下班后也来了，见到孙女也自是高兴，一家人说说笑笑，只有明月的儿子置身事外，身边的一切热闹似都与他无关。手机里究竟有什么呢？什么能比亲情更有吸引力呢？他独自退守墙边，萎缩成落寞、冷淡、无力的一张人形剪纸。

晚饭后，儿媳妇带着孙女回去了。儿子没有走，依旧留在病房，留在墙边，留在手机里。

明月埋管的地方开始红肿，她老公开始遵医嘱用热毛巾为明月热敷。明月的老公矮小、健硕、面色红润，手脚麻利。总是穿着一套廉价的藏蓝色西服。他先用热水壶把水烧开，将开水倒进脸盆，浸润毛巾，拧干，毛巾叠好装入塑料袋，热敷。待毛巾温度降低，这套程序再做一遍。直到晚上九点，探视时间早已结束，在护士的一再催促下，这个男人才直起身来，吁了口气，招呼墙边的儿子说："走吧，回家。"这时，儿子才抬起眼，收起手机，跟在父亲身后，离开了病房。几个小时的时间，与患病的母亲没有目光的交汇，没有语言的交流，也没有像父亲一样付诸行动的服侍、帮忙；只是以他的在场示意"我来了"，如此而已。

　　是儿子的错吗？他心里那扇门是什么时候对母亲关闭的，是母亲要出外打工，第一次离开家那天吗？在没有母亲的漫长岁月里，他也孤独吧，心里也时常有一种莫名的冰冷吧？每天早上去上学，别的小伙伴的妈妈在身后追着叮嘱"多喝水啊"，他的眼里也会有泪光吧？亲情的幼芽缺水，干涸，枯萎。此后，他与母亲的关系就只剩下了血缘的关联以及每月母亲寄回家里的一笔钱。

　　如今，历尽生活磨难的母亲身患重病，他唯示之以漠然。我想，他必是无力上前，无语安慰吧，他的内心未必不撕扯、不纠结，因此，他才一头扎进手机里，以逃避这令他难堪的现实环境。

　　此时，明月的内心又该如何呢？

　　之前，在报纸、电视、网络上时常看到"留守儿童"这个词。直至今天，我才知道这个词是多么地令人心痛，痛彻心扉。一个时代的悲剧，结果，须着落在个人身上；而最终，也许会演化为社会问题，会有更多的无辜者为之支付代价。

　　两天以后，几乎就像白豆所说，做了小手术，贴上创可贴，我在明月艳羡的目光里出院了。

在我住院期间，白豆的学校进行了全区第一次模拟考试前的"零模"测试，白豆的年级排名大幅滑落了几十名。之前，白豆的成绩虽然一直不算稳定，但却保持着爬升的态势。仅仅是短短几天的时间，没有母亲在旁陪伴，成绩的趋势就发生了逆转。这一刻，我又想到了明月，和她那长大了的，曾是留守儿童的儿子们。

在孩子的成长路途中，母亲的陪伴是什么？是监管、是守护、是胆量、是信心，那一句"记得多喝水"的殷殷叮嘱里，有多么长久深厚的爱，点点滴滴，润泽心灵；汩汩涓涓，化育生命。

让母子不再互伤，让亲情不再缺位，为此，我们还有太长的路要走。

二十八　好心态出奇制胜

第一次全区统一模拟考试,简称"一模",对中考生来说,是一个标志性的事件。从这次考试开始,中考的大幕真正轰隆隆地拉开。

老师对"一模"无比重视,因为对于"改革永远在路上"的中、高考来说,以往历年中考真题的价值都远逊于当年的"一模"。尤其是一些教育强区的"一模"试题所标示的难度和题型、考察重点等,对当年中考极具参考价值。

"一模"成为了现阶段的关键词。为了"一模",学校掀起了又一轮复习热潮。

白豆在网上认识了一个南方某省的中考生,两人时常隔空一吐胸中块垒。

白豆说:"真郁闷啊,马上要'一模'了。"

南方考生大剌剌地说:"才刚'一模'?我们马上要'四模'了!"

白豆立马傻眼:"啥?'四模'?我们只到'二模'啊!"

南方考生:"所以啊,知足吧。"

白豆心有余悸地:"中考前,你们到底要模拟几次啊?"

南方考生:"自己想象吧。"

白豆同情地:"一定特累吧?"

南方考生淡然地:"就那样吧,习惯了……"

存在主义哲学家萨特说"他人即地狱",而白豆在与他人境况的对比中,却几乎找到了类似天堂的感觉。

通过我在网上不辍的学习,依据往年的经验,"一模"过后,将会有众多学校掀起一轮签约的高潮,对于像白豆这种"夹心层"的孩子,"一模"既是考验,也是机遇啊。

机会永远垂青有准备的人,这话是亘古不易的真理;接下来应该还要补充一句:当所有人都有所准备时,机会则会垂青那些准备得更加完备的人。在这样的景况下,白豆似乎永远属于那种准备得不够充分完备的人——课业上是,身体上也是。在"一模"前一天,白豆感冒了。

放学回来,白豆一个劲喊累,一会又说嗓子疼。我伸手摸她的额头,温热。我不禁心里一沉,果然感冒了!随即,由于感冒而引发的一系列严重后果在我脑中电光火石般一一飞速掠过。

见我呆坐不语,豆爸立刻意识到问题严重,眉头深深地蹙起,满脸阴云密布。

"最近这天气真不正常,忽冷忽热的!"豆爸开始分析感冒原因。

"而且,"豆爸望向白豆,"是不是最近每天练体育太累了?"

白豆道:"大家都练啊,又不是只有我练。"

豆爸言之凿凿:"那就是你怕'一模'考不好,心理压力太大了!"

白豆"扑哧"乐了:"老爸你可真逗,我啥时候考试紧张过呀?"

我也觉得豆爸此语近乎荒谬："就是，你咋对你闺女这么不了解呢！"

豆爸转身斥责白豆道："都是因为你不听话！你昨天洗澡，我就怕有这么一出，劝你别洗，非不听，这下问题严重了吧！"说罢，豆爸竟拂袖而去。

白豆满腹委屈，我劝慰道："看来，虽然你心理压力不大，你爸的心理压力可不小啊。"

晚上，吃过药，白豆睡得很安稳。早上，白豆的体温还算正常，我心稍定。

"一模"第一天考试的科目是语文和物理，都算是白豆比较优势的项目。早上临出门前，我嘱咐白豆中午时给我打个电话，让我了解她的身体状况。静候了一中午，竟无消息。"大概没觉得不舒服，正玩得高兴呢吧。"我心里这样揣度。孩子们不都是如此，只有伤心难过时才会想到父母？

晚上回家，见白豆脸色有些苍白，但精神尚好。白豆说，考得还行。我心里的一块石头终于落地，老天看顾，看来这感冒就这样混过去了。

次日一早，白豆起床后，看去有些恹恹的，我伸手去摸额头，坏了！额头滚烫，正式发烧了！

我立刻急火攻心，上午要考数学，这恰是白豆的弱项，黄鼠狼专咬病鸭子啊！

不出所料，中午，我接到了白豆的电话。她刚"喂"了一声，我便立刻从这个音节里读出她此刻的垂头丧气，沮丧失落。

果然，平时会做的题今天没做出来；原本能做完的题量今天没也做完；本来已经做对的题又给改错了……种种大小失误、纰漏，不一而足。

我耐着性子，好言宽慰：这毕竟只是模拟考试，不是正式中考。考完的不再去想，尽量调整状态，努力完成下面的考试，云云。

白豆一向没心没肺，嘻嘻哈哈，心无挂碍地简单度日，此刻竟显出几分怨妇的情态，让我觉得陌生。

"一模"结束，全家都觉得疲累。确定无疑考砸了，我和豆爸也尽量不去触及这个话题。白豆的感冒一天天好起来，我也自我安慰：下周即将体育中考，"一模"时感冒总比下周感冒强啊。

两天后，"一模"成绩陆续公布。数学成绩果然惨淡，平时比较优势科目如语文、英语也表现不佳。一切合乎预想，只是心有不甘而已。白豆颇有自知之明地说："这两天我得绕着班主任走，免得挨狗屁呲。"

又二日，年级排名出炉。白豆的排名竟然有了大幅的提升，并进入了久违的年级前五十！几位长期领衔年级排名的学霸居然落在了白豆之后。全家自是大喜过望。

豆爸说：老天爷饿不死瞎家雀；

白豆说：命真大；

我说：赢在心态。

"一模"前，白豆就很是惊诧地说，班里好几个女生，因为精神紧张，生理期出现紊乱，也有人失眠、焦虑……

白豆尽管感冒发烧，但不挡吃喝，也睡得安稳，影响有限。可见，心病甚于身病。那些此番落败的学霸是被自己打败的，输在了心态。

一次，与朋友聊天。我向朋友抱怨白豆的性格太"二"，不靠谱。朋友反唇相讥：就你靠谱？现在想来，像我这样一个容易紧张的人，如果在感冒发烧时身临大考，未必能考出白豆的成绩。可见福祸相倚；可见心态重要。

"一模"后，一向高标准，严要求的班主任老师训诫那些散漫、拖沓的学生时，语序有些变化：第一句话通常是——你这次总分多少啊？若学生总分尚可，老师则先鼓励再数落；若总分不令人满意，则连批评再数落。每每见老师劈头问向一个学生"你这次总分多少啊"，白豆都心有余悸，"使用频率之高，简直就像寒暄一样"，白豆如此评论道。

一日，白豆的一个学渣儿好友正游荡散漫之际，被班主任老师当场抓住，并"寒暄"，只好低头挨训。老师一边口若悬河，并搭配强劲有力的手势动作；一边用余光瞟向别处。不远处的白豆和另一好友此刻也有浪荡之嫌，立刻做贼心虚。

白豆道："咱们快跑吧，不然老师该过来跟咱俩'寒暄'了。"
同伴胆怯："不行啊，老师好像已经看见咱俩了，不敢跑……"
白豆："不能坐以待毙！"说罢，果断地快步离开现场。同伴纠结片刻，也硬着头皮尾随。

再见老师时，已是云淡风轻。
一场臆想的祸事消弭于无形。
可见，心态重要。

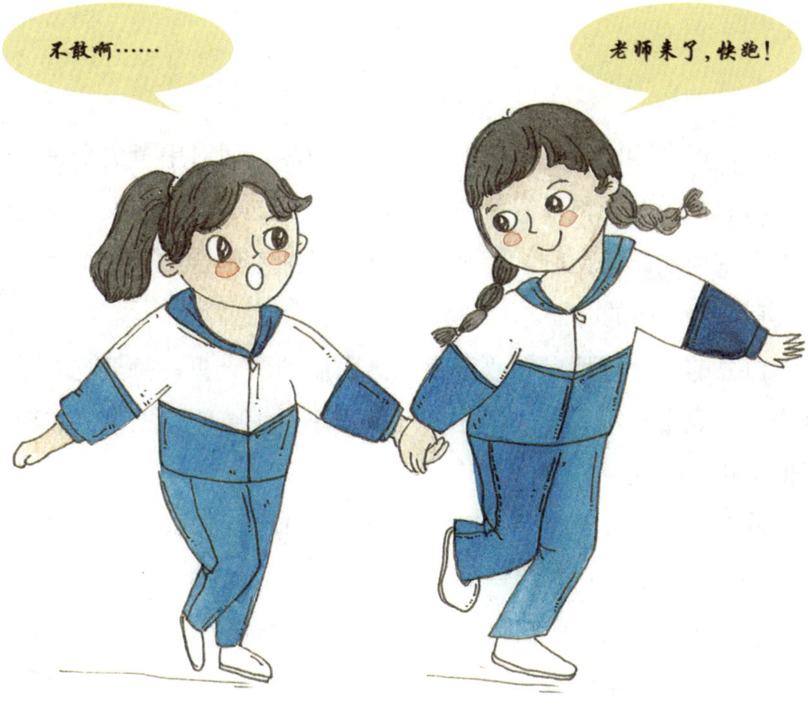
不敢啊……
老师来了，快跑！

二十九　定风波·体育中考

"一模"刚刚结束，硝烟尚未完全散尽，而对中考生来说，一直紧绷的神经终于得以短暂地放松，白豆班上有好几个女同学同时进入了生理期。而此时，距离白豆学校经抽签确定的体育中考的日子仅有不到一周的时间。

白豆的一个好朋友在"一模"结束后的两天里，每天吃大量的冷饮。白豆十分不解："现在天气又不热，干嘛吃这么多凉东西，不怕拉肚子吗？"

好友答道："这样才能赶紧催'大姨妈'来呀，要不然赶上下周体育中考就糟了！"

白豆依然懵懂："那就申请缓考呗，何必呢？"

好友："如果缓考了还要多练半个多月，太耽误时间了！"

终于，未几，好友的"大姨妈"老大不情愿地驾到，尽管肚子疼得龇牙咧嘴，但好在不用缓考了，也算如愿。

为了中考，女孩子们也是拼了。

想想如今职场上活跃着那许多女汉子们，纵横捭阖，刚毅果敢，钢铁就是这样从小一步步炼成的吧？

女生800米，男生1000米，孩子们从冬天跑进夏天。这期间，有令人艰于呼吸的雾霾天，有孩子们发烧感冒、身体不适的时候，更多的是课业沉重、精疲力竭的日子……终于，气喘吁吁中的孩子们遥遥地望见了终点。

　　体育中考对于身体素质好的孩子们来说，自是胜任愉快。而对缺乏运动天赋的孩子而言，练得辛苦自不待言，当考试的日子临近时，其心理紧张的程度甚至不亚于中考笔试。

　　第二天就是体育中考的日子。这天，白豆回家来，将书包一扔，仰倒在沙发上，嚷嚷着："老妈，我好紧张呀！"

　　我上下打量她一番，摇头："不像！"

　　白豆叹道："就是说啊，我为啥就紧张不起来呢？"

　　我也佯装认真地说："一个体育渣竟然有着冠军的心态，了不起！"

　　白豆习惯了我的揶揄，呵呵笑了一阵，旋即转了神情："可是，小佳就不行。"

　　我知道白豆所说的小佳是他们班上的一位女学霸，平日颇得老师赏识。

　　"小佳怎么了？"我问。

　　白豆道："小佳今天太紧张了，那么温文尔雅的一个女孩子，今天说话的时候一直在喊，简直有点儿歇斯底里！"

　　"为什么？小佳体育不好吗？"

　　白豆耐心地解释道："是不太好，也就跟我的水平差不多吧。"

我哭笑不得:"就别拿你当标准了。小佳不是学霸吗?就算体育中考的时候扣两分,对她应该也不会有太大影响吧?"

白豆完全认同我的观点:"就是说啊,再说,"白豆顿了顿,"妈妈,我说出来你可别不高兴……"

看白豆欲言又止,我立刻警觉起来:"怎么了?是不是小佳他们已经签约了?"

白豆点头,眼神飘忽,神情几许不安。

我马上追问:"你没签?"

白豆摇头,旋即将视线从我的脸上挪移开来,像是不忍继续与我对视。

半晌,我好容易抑制住内心无比的失落,故作镇定地继续刚才的话题:"那就更让人不能理解了,既是学霸,又已经签约了,大局已定,还紧张什么?"

见我没有继续追究签约的事,白豆立刻视线回转,眉眼都活泛起来:"所以说啊,学霸就是一种难懂的生物!"

我没接她的话,愣愣地,半天才对白豆说:"晚饭还要再等一会,先回屋写作业吧。"

白豆虽然市场犯"二",但也是个内心敏感的孩子。此刻,大概是察觉出我的语气有些异乎寻常的空洞和寡淡,白豆没再说话,转身听话地回了自己的房间。

看见白豆房间的灯亮起,我才渐渐地省察出自己此时此刻的真实心态——失望,失落,掩饰不住;内心空旷,无处着落。像是马上要完成一篇文章,却错按了删除键,一切归零;又像是将一枚宝物牢牢地握在手心，却不想它竟融化成水，从指缝间轻易地流失……

此间无可奈何花落去，何时似曾相识燕归来呢？

失去签约的机会，各种中考加分项又与我们无缘，只能裸考——无奈又悲壮。孩子啊，你为什么不紧张？

白豆的学校被安排在次日下午进行体育中考，上午不必到校。老师破天荒地对孩子们说："你们可以睡到自然醒。"

白豆心安理得地享受了这百年不遇的福利，睡得昏天黑地，看架势，不睡到地老天荒不肯休。

早上，不到七点，家长微信群里就不断有信息"哗哗"地涌出。

有家长说："孩子太紧张了，早上刚五点钟就醒了。"

有家长说："我家孩子也是啊，一大早就出去练习跑步了。"

见状，班主任老师也紧急现身："上午千万别再让孩子进行大运动量的练习了，否则下午会体力不支……"

这一天的空气质量为重度污染，但几乎所有家长都庆幸孩子们运气实在好——"也无风雨也无晴"，风雨是阻碍，是劲敌，至于雾霾——此时，竟可忽略不计吧。

八点钟，白豆仍流连梦乡，我已经在厨房开始准备她的午饭了。食谱是我昨晚便已经策划好的：红烧牛肉面。既好消化，热量也足够。为了防止下午出现拉肚子一类的意外事件，我在菜单里取消了生食的蔬菜。既然签约无望，从这一刻起便要全力以赴，凡事周全缜密，容不得一点疏忽。

忙了一阵，我抬头看表，上午九点整。白豆的房间仍然悄无声息。

我轻轻推门进屋，一缕日光透过窗帘，照在白豆一夜甜睡的脸上，眼睫微微地翕动，半梦半醒地；浅浅的笑意，淡淡的光晕，令白豆的脸看去格外恬静，安适。这是下午即将走上中考考场的孩子吗？

白豆懒懒的起床，开始洗脸刷牙。

牛肉在锅里火热地炖着，屋子里满溢着肉的醇香。

"真香啊！"白豆抽着鼻子赞叹。早饭还没吃，她大概已经在憧憬午饭了吧。

转眼到了中午，家长微信群又开始喧闹起来。

有家长说:"孩子太紧张了,中午饭没吃两口就走了,担心。"

不断有家长在应和:"我们也是!"

"我家儿子也说吃不下,咋办?!"

……

白豆端起碗,喝完了最后一口汤,心满意足地放下碗。豆爸已经在楼下发动了汽车待命;我将准备好的双肩背书包递给她,里面装有要替换的运动鞋、遮阳帽、一瓶温水、一瓶凉白开、红牛饮料、干、湿纸巾、风油精、巧克力、面包、创可贴等。

白豆换鞋出门的当儿,我一再叮嘱:"千万别慌,如果前两项成绩太差就申请缓考啊!考完记得给我打个电话!"

白豆连声答应着,"蹬蹬"小跑着下了楼。

站在窗前,看着白豆上车、远去,我的心里阴晴不定。

整整一个下午,我都攥着手机,在焦灼不安中度过,心里一直在不停地估算着考试的进程。

班主任老师不仅认真负责,且十分善解人意。孩子们一到达指定的考点,老师就不断在微信群里即时发布照片和小视频。

照片上,孩子们在认真地做准备活动,白豆的头扭向别处,不知被什么吸引了注意力,仍然一贯地心不在焉,也好,至少看不出紧张吧。

之后,孩子们分组列队走向一道军绿色的大门,所有老师被阻拦在门外,消息中断。

一个多小时后,开始有考完的孩子陆续走出考场。老师又抖擞精神开始向家长们报告成绩:"某某满分!""某某某满分!""某某全组满分!"……

但是,白豆却始终杳无音讯。

直到接近四点半,我的手机终于响了起来,是白豆!我按下接听键,顾不上开场白,劈头就问:"满分了吗?"

白豆猝不及防:"啥?……哦……对,满分!"

我心里的一块石头终于轰隆落地。

到家后,白豆向我详细讲述了考试时惊险的一幕:原来,在测试篮球一项时,白豆前两次都被判犯规。她排在全组的最后一位,当时,组里的所有考完的同学都替她捏了把汗,旁边还有其他学校的学生在围观。众目睽睽之下,最后一次机会,白豆镇定地运球跑起,最后以11秒9的成绩获得满分。

我一边想象着当时的场景,一边心有余悸地问:"你当时真的不紧张吗?"

白豆翻着眼睛想了想:"嗯——,可能有点儿吧?我也不清楚。"

"对了,"白豆像忽然响起了什么,"我得给小旭打个电话,把我今天的经验告诉她,他们学校明天考。"小旭是白豆的小学同学,在本区另一所中学就读。白豆说罢,起身走了,步履欢快,身形欢脱。

我倚靠在沙发上,慢慢地,心里浮上了一种浅淡的宽释。习惯了紧张,对这样一种模模糊糊的近似于宽慰的感受很是陌生。

路还远,而就在这并不易行的路上,白豆确乎是在长大;那一种熟悉中的陌生感，令我暗叹生命的不凡。

"每临大事有静气"；"泰山崩于前而不改色"，从小我们就被这样教导着，但真可臻此境界的能有几人？倒真不若白豆这般纯粹朴拙一派天性，出乎自然，不赖后天修炼。

苏轼在他那首著名的《定风波》词前有小序："三月七日沙湖道中遇雨。雨具先去，同行皆狼狈，余独不觉。已而遂晴，故作此。"其中"同行皆狼狈，余独不觉"几字堪可回味。经了些生命中的况味，便渴慕这样的境界——在"也无风雨也无晴"的心境里"一蓑烟雨任平生"，此为"定风波"之真意。当然，在白豆身上是难以套用这样的化境的，于她而言，依然只是懵懂。只是，在今天，我见出了这"懵懂"的可喜可贵之处。

三十 "然后"之后

　　白豆每天这样描述自己晚间的安排:"先写数学,然后是语文,然后是物理,然后……然后——就可以睡觉了。"又这样描述中考近一阶段的大事记:"先是'一模',然后是'二模',然后是中考,然后出分,然后……然后——就有高中上了。"然后之然后,总觉得在这线性的时间流背后,暗藏着人生的大结果。而果实相对于其成长过程,不过是一瞬,而我们更多经历的是结果前的过程,是一个个"然后"之后的逗号、分号、省略号。

　　"一模",然后,有诸多的事值得形诸笔墨。

　　家长会上,一贯老成持重的物理老师忽然话多了起来。本次"一模",昭示了未来中考的改革方向。物理中考改革,首先体现在计算难度下降,这使得实验班与普通班的分差进一步缩小,且物理满分的学生多在普通班涌现而非实验班,同时,原先那些物理牛孩儿与非牛孩儿的排位也出现了错置。

　　再者,大量文字描述性的实验题使得阅读能力较差的孩子失分严重。本次物理"一模"试卷的文字量达到前所未有的8000字。缺乏阅读训练的孩子表现出不仅阅读能力差,文字表达能力也不如

人意。在回答一道有关压瘪的乒乓球经热水浸泡后恢复原状的题目时，孩子们将"乒乓球"写成"兵兵球"或"兵乓球"的不在少数，且不会使用规范的物理语言，将"恢复原状"描述成"鼓了"或"鼓起来了"，令老师颇为无奈。扣分吧？给错别字扣分似乎不是物理老师的职分，不扣吧，又实在……

　　语言，是工具；语文，无处不在。

　　这次"一模"考试中，最抓狂的大概要算数学老师了。拿到试卷后，一道大文字量的叙述题令他顿时失去耐心，任性使气，弃之一旁。转而又想，考后还要给学生们分析试卷，不做不行。于是不得不耐着性子，费时费力地做了出来，一对答案，竟然错了！其沮丧、失落，可以想见。孩子们也纷纷中招，因为缺乏从大量的文字中提取有效信息的能力，原本一道并不复杂的题却失分严重；不仅如此，由于这道题令众多孩子耗时过多，影响了答题的进程，致使最终能够答完全部试题学生的寥寥无几。

沉稳持重的物理老师找到语文老师，诚恳地请求："请给孩子们强化科普阅读方面的训练！"

年轻气盛的数学老师找到语文老师："孩子们读不懂题，你们语文是怎么教的？！"

语文老师好气又好笑："我早就提醒过，得语文者得天下！谁听了？"

此时，距中考，仅剩月余。

记得白豆刚上初三时，市里的教育主管部门曾经出台了一个有关中考改革的征求意见稿，大意是将语文的分值增加至150分，同时相应减少英语和化学分值云云。之后，这个征求意见稿不了了之，销声匿迹。想必是反对声浪甚巨。毕竟，有那么多的孩子从小便把自己宝贵的课余时间耗费在了奥赛、英语等培训班和学科比赛赛场；毕竟，有那么多的家长常年将大把的金钱奉献给了培训机构，一切付出，皆系宝贵，作为个人，代价高昂，怎可轻言改革？改革意味着部分人群长久的辛苦耕耘后颗粒无收，以及希望的归零。中国式的家长眼里，孩子的利益高于一切。

但改革依然在推进，只是以更为低调、隐蔽却沉稳的方式。

英语分值依然是120分，但难度大为消减，区分度几近丧失。

物理、数学科目均降低计算难度，却加添人文元素；

语文的考核宽度、深度均有拓展，灵活度高，得分不易，区分度提升。

"一模"结束后，白豆约自己的小学同学一起去科技馆，同学回答，下周学校组织统一去参观；白豆给另一同学打电话，同学说，正在颐和园，学习传统文化……

变化真的开始了，走出培训班，走出课堂，把刷题换作了另外一种学习方式，用脚丈量，用眼观察，用心感受。

感觉陌生吗？或者还有些许不安？去伪存真，革故鼎新，自然是向荒草丛里开路，先行者可能被荆棘挂破了裤脚，也可能沾了泥巴露水，那之后，便有小路宛然，渐次宽且阔，辽且远……

"一模"后，尽管大考还未到来，但白豆的班上已经有了"大结局"的点点迹象。有的孩子已经离开北京，去了南方某省读国际学校；有的孩子没有北京户口，无法在京参加中考，拿到"一模"成绩后也要去读国际高中；虽然每天还来学校，主要目的却变成了和小伙伴们一起踢球；对这样的孩子而言，中考已然结束。有的孩子忙于参加各公办校国际班的面试；有的孩子在准备特长生考试，如此等等。当然，像白豆这样按部就班准备中考的孩子依然占据主体。但即使留在本校读高中，也很可能被分在不同的班级——实验班，普通班，文科班，理科班……无论如何，再有一个月，孩子们即将各奔前程。然后之后，必将有一个结果，各自的人生画卷顺循或不顺循这个结果，一点点推展开来……

同校同班的尚且如此，遑论其他。

白豆在小学阶段共结下三个好朋友，四个孩子小升初后去了四个不同的学校。其中一个，去了一所令人艳羡的著名大学的附中，

"一模"结束后,却去了外地一所国际学校学习法语,她父母的计划是三年后将她送到欧洲去学习美术。

雪原本是四个孩子中成绩最好的,却在初三时单恋上一个男孩,这个男孩后来回老家参加中考,雪仍难以自拔。一次,见白豆写作业时,手机放在书旁,开着免提,从声音我辨认出,正在絮絮说话的正是雪,白豆只是偶尔应和一声。事后,我曾责备白豆这样给同学打电话是否不够礼貌。白豆说,雪反复说的就只是那个她心里的男生,自己也曾多次劝她当前以学业为重,雪听不进去。"她就只是想找个倾诉的对象,至于这个对象是谁,并不重要。"白豆有些忿忿。

另一个孩子梅在一所普通校,小小年纪便立志将来要以写作为生,每天除了上课以外,就忙于上网、发朋友圈,或将自己创作的穿越小说贴在网上。在读了梅的作品后,白豆忧虑地说,一个将来要靠写小说养活自己的人,为什么不多读点书呢?如果梅喜欢看书,她的小说会比现在更精彩……

"行路难,多歧路,今安在?"李白千年前的疑问依然是今人的困惑。不知道白豆和她的小伙伴们会在多少个"然后"之后,能懂得这其中的况味。

然后,然后,然后……许多个"然后"之后,是一个阶段性的,必然的结果。许多年过去了,我至今依然对自己的求学生涯念念不忘,眷恋日深,或许就是与这样一种令人迷恋的生命节律有关。必然的付出后,是一个必然的结果,少有杂音干扰,一切水到渠成,顺理成章,心安理得。小小的意外可能带来小小的惊喜,却无关整个曲线的节拍韵律的齐整完美。不断成长的生命中，不时被填实以充盈的获得感，俨然马拉松选手沿途不断收获的喝彩和鲜花一样。然后之后，有然后，结果之后，又有结果，就这样，走向生命深处。多年后，阅历了些生活的故事，回首当初，才知道，那样的人生，是如此的简单美丽。

三十一　儿时玩伴何以刀剑相向

　　一日，白豆与菁菁中午在学校食堂吃饭。菁菁买的是西红柿炒鸡蛋盖饭，吃到中途，忽然不慎将菜汤滴到了校服上。尽管菁菁用餐巾纸努力地擦了又擦，白底的校服前襟上还是留下了一片淡红色的印痕。

　　菁菁懊丧无比："这可怎么办？丢死人了！"

　　正鼓颡大嚼的白豆满不在乎地说："这有啥？你不觉得穿件脏校服很酷炫吗？"

　　白豆说着，不禁瞅了一眼自己身上那件印痕斑驳的校服。

　　菁菁完全没有被白豆忽悠了去，仍懊恼地皱着眉。

　　白豆又建议："天气这么热，要不，你把校服脱了，就穿里面的T恤呗。"

　　菁菁揪起校服外套的前襟，从领口向内瞥了一眼，表情依旧愁苦："里面的T恤太难看了，根本不能穿出来见人！"

　　白豆再三建议："要不然，你把校服翻过来穿？"

　　菁菁刚要反驳白豆的不经之论，却又转念，使促狭地问白豆："要不，你翻过来穿上试试？你敢穿我就敢穿！"

白豆立刻慨然允诺："这有啥？穿就穿！"

说罢，白豆立刻将校服脱下，翻掏，复又穿上。立刻，笑倒了周围一众旁观的同学。

菁菁也笑得前仰后合，却始终没有勇气如白豆一般反穿校服。

好在菁菁家离学校很近，菁菁高低利用午休的时间跑回家换了衣服，才得继续下午的课。

这些年，每次白豆在家给我讲述她在学校"犯二"的种种轶事，我都越来越频繁地流露出种种担忧，白豆当此之时，便善解人意地"啪啪"拍着胸脯保证："妈妈，以后这种事我只在家干，在学校一定尽量装淑女！"

但类似种种糗事依然层出不穷。

记得前不久，北京城里下了场丰沛的春雨。白豆一不留神，在学校的小树林里滑了一跤，裤子的整个后半部分立刻沦陷，学校里并没有可以替换的裤子。白豆急中生智，将上衣脱下，用两条袖子系在腰间，用上衣的身体部分遮住了无可救药的脏污处。就这样大摇大摆地在校园里晃荡了多半天；更有甚者，下午，学校大礼堂召开年级大会，白豆还以这身装束，当着几百人的面，大模大样地上台领了个"学习进步奖"！

刘禹锡说，不以物喜，不以己悲。这是世代文人苦寻高企的生命灵境，又有多少人求之不得，以致终生叹惋。而仅从字面的意义论，白豆算是无师自通，不习而得了。在白豆眼里，所有良善的微笑都是鲜花，所有刻毒的眼神都是表情包。不知是愚顽还是聪灵，天性一派出于自然，无矫无饰，自喜自得。

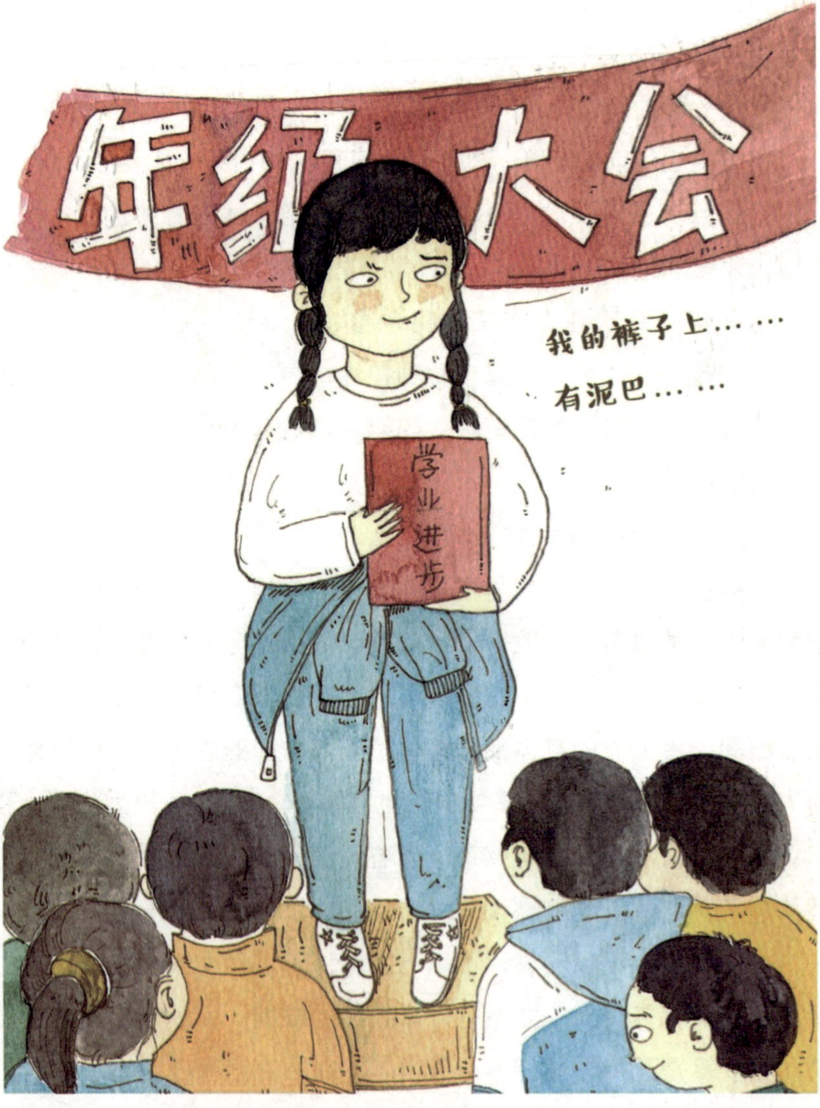
年级大会
我的裤子上……
有泥巴……
学业进步

当然，这个世界令白豆困惑之处也不在少数。比如，白豆不懂，为什么日本那些才华横溢的大作家往往以自杀这种极端的手段结束自己的生命.像三岛由纪夫，白豆读了他的《金阁寺》后，还特意到日本京都游览了金阁寺；而作者本人，不仅剖腹，且在剖腹未死时，令自己的助手用斧子砍下他的头颅；还有川端康成，口含煤气管自尽；还有近些年火爆国内图书市场的太宰治，几次自杀，方得如愿……美丽文字背面的人生里，究竟发生了什么？

读完《少年维特之烦恼》，白豆对主人公因失恋而自杀，也甚为不解。问世间情为何物，想来，这男女之情，大概就是以一团迷雾的情状，朦胧飘忽地，浅浅地隐现于白豆那混沌未凿的心灵世界里遥远的地平线上。

白豆身边的女同学里追星一族大有人在，每到课间，女生们聚在一起，畅聊某星比某星颜值更高；更有女生不加掩饰地宣布：我就喜欢帅哥！一些略解风情的孩子们则不声不响地进入了实操阶段。班里时时传出些某男喜欢某女的流言。在这若隐若现，暧昧不明的粉红色的氛围里，白豆是个快乐的看客。

佳佳与班上的某男生之间似乎生出了若许的朦胧情愫。课间，两人在楼道里聊天，怕别人生疑，两人的身体之间留出了宽大的空间，不想，这样的心思措置更凸显了两人关系的不自然。白豆见状，屡次找借口从二人之间堂而皇之地穿行，神情坦荡得如入无人之境。经过时，还每每热情地与佳佳打招呼。两人之间的交流也因此而屡屡被打断。看见二人敢怒不敢言的尴尬情态，白豆自为得意，窃喜。

话说回来，谁没有过青梅竹马、两小无猜？白豆自小便与朋友家的小男孩帆在幼儿园同班。帆长得白净，一双大眼睛乌黑活泼，煞是可爱。加之家里调教有方，帆很有礼貌。见到我和豆爸总是"阿姨"、"叔叔"地甜叫着，故也颇得我们的欢心。

刚上幼儿园小班的孩子没有男女之别，吃喝拉撒睡，全在一处。最令人叫绝的是，到了夏天，午睡后，小朋友们要吃西瓜。为了防止西瓜汁水污了衣服，阿姨们使出绝招：孩子们吃瓜时，一律脱掉上衣，赤膊上阵。吃完后，阿姨用毛巾把孩子们的胸前揩净，再把衣服穿上。因而，我和豆爸常戏称白豆与帆是打小一起光膀子吃西瓜的交情。

小学时，两个孩子并不在同一所小学就读。但因为家长关系热络，所以两家常来常往，孩子们也保持着较一般同学更亲近的关系。

小升初后，帆择校失败，上了附近的一所普通中学。巧的是，白豆的小学同学梅恰好也上了这所学校，并与帆同班。

一天，梅将她和帆之间在QQ上的一段聊天记录截图发给了白豆。原来，梅无意间与帆聊起白豆，不想，帆却反应十分强烈，竟说"最讨厌这种从小一起玩，长大却变成学霸的人了！"感叹号还不足以表达其不平之气，在句尾，还加上了一个滴血菜刀的图标！

事后，白豆说起此事，令我大为讶异。这还是当初那个温顺可爱，嘴甜有礼、小时候常在我家吃饭并与白豆一起玩电游的帆吗？什么时候，这个孩子身上，多了这样一股戾气？何况，白豆并非是什么学霸，只是所上的中学比帆的好些，难道这就足以使帆在心里要对童年的玩伴以刀剑相向吗？

我和帆妈时常会在周末见面。这个周末，本来约好要来我家的帆妈突然说，帆整个周末都在校外机构上课，要做中考前最后的冲刺，见面就改到孩子们中考结束之后吧。

想必，帆的心里也憋了一口气吧。

白豆听从学校老师的劝告，初三全年都没报补习班，因而闲暇的时间相对较多。一次，我和白豆聊起考试结束后报志愿的事，白豆流露出想考区里一所名校的念头，我还未及发表意见，白豆又笑道："一旦我真考上了这所中学，估计帆再说到我的时候，送给我的肯定不止一把菜刀了，而是——"白豆伸出了三根手指，"三把！"白豆笑着，笑意里有着在她极少有的勉强、酸涩和无奈。

之后，每每想到卧薪尝胆的帆，悬梁刺股的帆，心怀一股不平之气的帆，我便时有感慨，孺子求学多艰，希望孩子们俱各能有好的结果。

一天清晨，白豆上学去了。我为她整理书桌时，一只金葵花样的留言夹上夹了张一指宽的纸条，我凑近去看，是白豆的字迹："可以被毁灭，却不可以被打败"。哦，这大概就是传说中的励志小纸条吧？我自己做学生时也曾经这样自我激励过，大凡正面临人生重大考试的孩子们都会有吧？只是，这样的东西出现在白豆的书桌上，仍让我觉得新奇。我在心里微微地笑了，目光长久地停留在这令我无比熟悉的、可亲可爱的字体上，细细品嚼这十来个字，渐渐地，却生出一丝丝异样——"毁灭"吗？孩子，你知道这是个多么可怕的词啊，怎可动辄轻言？辛弃疾说，"少年不知愁滋味，爱上层楼。爱上层楼，为赋新词强说愁"。好吧，我知道这是你不识愁滋味的年少轻狂。"打败"？被谁打败？我想到了帆，以及那把时常在我脑海里盘桓的滴血菜刀的图标。莫非，从那时起，来自环境的恶意在白豆眼里不再是饶有趣味的表情包，转而变身为激发斗志的助燃剂？

我虽则一向为白豆的"二"而颇多烦恼，却也喜悦她拥有"于熙攘的人流中独看花开"的喜乐平和。莫非这一切，就此湮没于中考大势的滚滚洪流中？

"可以被毁灭，却不可以被打败"，比成熟更幼稚，比幼稚更成熟。或淡然，或进击，于长久的人生而言，究竟哪一种心态更持久，更有力量？

抬眼望出去，天气热了，窗外明晃晃的，是一地火辣的太阳。

三十二　做了过河卒子，只能拼命向前

　　进入六月，暑气蒸腾。家有中考、高考生的家长，内心的焦灼更是日增一日。内外交攻，喘息都变得艰难。

　　高考前，媒体纷纷宣传造势，此为《刑法修正案（九）》颁布施行后的首次高考，"作弊入刑"将对疯狂的作弊党形成威慑。电信部门也给用户发来短信，称高考期间各考点将开启大功率屏蔽仪，这会极大影响周边用户的通话质量，云云。

　　以硬碰硬，以毒攻毒，全社会的紧张程度可以想见，生怕某颗老鼠屎坏了国家的抡才大典。

　　白豆看过新闻，不禁忿忿然道："为什么大家都对高考这么重视？为什么没人重视我们中考？"

　　在白豆看来，中考与高考没甚区别啊，人们常常将此二者相提并论，且表述以"中、高考"，"中"还在"高"的前面呢，却又为什么如此区别对待？作为中考生，白豆顿失存在感。

　　作为中考生，白豆确实不理解，在高考这样的人生关口上，上演的是一出多么惨烈的博弈。全国九百多万考生及其身后的家庭，以笔为矛，拼夺极其有限的优质教育资源。年年高考都有自杀的、

癫狂的，看淡、勘破的能有几人。

　　作为中考生，白豆对中考考场之外的事，却也不甚了了。中考改革在路上，因而政策频出。《招生简章》发下来，竟看得我一头雾水，就连白豆学校的老师也坦言"没看懂"。除却各种加分政策外，"名额分配"、"校额到校"一类的新政策也连续推出。后者是今年的新事物，大概是呼应中央"加大供给侧"改革的导向，市里的教育主管部门要求各示范校拿出一定比例的名额，直接划拨到非示范校；非示范校的学生中考总分只需达到500分即可获得资格。这个分数，较之示范校往年的录取分数线，有几十分的差距。一石激起千层浪，网络上各有关中考的论坛立刻喧闹起来。拍手叫好的，否定批评的，质疑观望的……刀光剑影立现。中考生们年龄尚幼，家长们便都义不容辞地纷纷披挂上阵。光影之下暗流汹涌，其实质，仍然是对优质教育资源的拼夺。

　　忽而想起刚刚在网络上看到的新闻，瑞士以全民公投的形式否决了无条件向公民发放基本工资的动议。之前，他们还否决了将每年的带薪休假假期从四周延长到六周……

　　拼夺，放弃。一夺一放之间，我们生命的质地呈现出了怎样的落差。

　　当然，我们国人中也不乏明智且有财力的，得以提早从这战场上脱身。同事的孩子才只九岁，家里已经提前为他在美国加州买好了房子，听说，最近，孩子出去读书的签证已经到手；更有甚者，孩子直接在美国出生，落地便得享一切权利……

　　更通常的做法是，孩子义务教育阶段在国内完成，通过中考进入名校国际班，毕业后就读国外高校。从高中到大学，一两百万人民币的预算，应该只是个起步价吧。

余下之种种，便只得在原地战做一团了。

胡适在抗战期间，于艰困万难之际，赴美国大使任上。他曾写下一首小诗抒怀："偶有几茎白发，心情微近中年。做了过河卒子，只能拼命向前。"其间流露出的苍凉、无奈、悲壮、决绝，倒令我觉得与眼下面临大考的孩子与家长们的心态有着几分近似。

做了过河卒子的白豆在第二次模拟考试前，迎来了她的第十五个生日。如若不是大考在即，循例，在生日这一天，白豆的名字会被细心的班长写在黑板上，于是，她便会得到众多同学的祝贺。关系格外相熟亲密的，都会有小礼物相赠。每次生日后，白豆会用手提袋提回半袋子各色新奇的小物件，足可供她赏玩许久。

而今年，由于中考，生活中一应与考试无关的趣味与装点，都被有意地俭省删除了。

这一天，白豆一早到达教室，果然并没有在黑板上看到自己的名字。比她更早到校的同学们都专心埋首于课桌上自己眼前的书本或考卷上。白豆便知道，这一天将与中考前的每一天一样，紧张、忙碌而无趣。虽然并不意外，但白豆仍不免生出些许的失落。那失落，在心底淡淡地晕染开来。

中午吃过午饭，白豆正准备回班自习。中途，却被外班的好朋友欢欢叫住了。欢欢笑吟吟地，如变戏法一般将一个硕大而漂亮的纸盒从身后捧到白豆眼前："叮叮！十五岁生日快乐哦！"

这一幕完全出乎白豆的预料，一上午被功课弄得灰败的心情立

路蜿蜒，向北大——非典型学霸养成记

刻明亮了起来。

白豆喜滋滋地接过礼物："谢谢啦！除了我爸妈，就你还想着我的生日。不过，这么大一盒，是啥呀？"白豆边说着，边好奇地颠倒着盒子猜看。

欢欢笑道："快打开看看！"

白豆迫不及待地打开那神秘的盒子：最上面，一只淡紫色的小信封，里面应该是生日贺卡之类。信封下面，是满满当当的形形色色独立包装的小零食；在盒子的最底下，还细心地放了几张湿纸巾。

欢欢解释道："我算过了，从你今天生日一直到中考完，还有27天，我在盒子里面装了54种零食，你每天吃两个，等到吃完，中考就结束了。怎么样，很棒吧？"

欢欢的大眼睛里满含了笑意和自得。

白豆的内心有一种情感的热流在冲撞。以如此独特的方式表达的体贴，分明是孩子才有的，那样地童真，带着感同身受的情感体验和顾念；又同时，有着分担和化解的良苦用心。欢欢自己，也是在用这样的方式在中考前焦灼不安的日子里为自己减压的吗？现在，她把这份纯良的用心分享给了白豆，那一种推己及人的关切与亲爱，不带有一丝的杂质。愚钝如白豆，也在这一刻，掂出了友情的分量。

白豆怀抱着欢欢的礼物回到了班里。同学纷纷投来好奇的目光："白豆，盒子里是什么？"

白豆笑而不语。

下午的第一节课开始了，白豆一边听课，一边在心里做出了一个决定。

课间的时候,白豆打开盒子,将里面的零食一一分给周围的同学。

"原来盒子里是零食啊!白豆,你哪来这么多零食?"

白豆道:"朋友送的,今天是我生日。"

同学们立刻惊呼起来:"啊!真对不起,我忘了这事了!"

白豆连连摆手:"没事没事,考试嘛,大家都忙。"

接连有同学向白豆表示歉意:"白豆,我们忘了你的生日,你还把礼物送给我们,我们多不好意思。"

白豆一边应答着,一边在教室里走动着分发,一路都有笑脸和祝福。

走到一向来沉默寡言的学霸男生课桌旁,白豆有些紧张。初中三年来,白豆与他一共没说过几句话,该男生一向心高气傲,如果被拒绝,该多难堪!

尽管如此,白豆还是将一小包零食放在他桌上,同时对他的同桌——一个与白豆熟稔的男生说:"如果他不吃,你就吃掉吧。"白豆小心地为自己做这样的铺垫。

高冷的学霸男生拿起小包,顾自颠倒了翻看,嘴里似是自语,又似是询问地:"这是什么?"

同桌的男生解释道:"今天是白豆的生日,这是她的生日礼物。你吃不吃?不吃给我!"那男生说着,便要伸手抢夺。

学霸却已经"刺啦"一声撕开袋口,用两根手指夹出里面的饼干快速填进嘴里,一边咀嚼一边又似自语道:"干嘛不吃?这么好的东西……"

白豆的一颗心放了下来,浅浅地笑着。

放学回家时，白豆盒子里的零食还剩下小半。白豆又让我和豆爸分别挑了自己爱吃的。余下的，白豆留给了自己。把盒子盖好，放在了自己的案头。

晚上，睡觉前，白豆收拾着自己的床，忽然愣愣地出神，眼眸里，有一种水样的神采在流转。

白豆向我讲述了白天的经历，之后问道："妈妈，从下午收到欢欢的礼物，到分发给同学，一直到现在，我心里都有一种很快乐的感觉。为什么会这样呢？"

我摸了摸白豆黑黑皴皴的头发："是那种予人玫瑰，手有余香的幸福感吗？"

白豆很恳切地点头，随之，脸上现出几分羞赧："我是不是很俗气、很浅薄呀？"

"当然不。"我笃定地回答："不是俗气，是大气；不是浅薄，是善良。我女儿，长大了。"

白豆带着满心的幸福感沉沉睡去，看着她甜蜜的睡相，我觉得，此刻，自己的心底里似静静地开出一朵花来。

过河卒子的前路就是无惧一切，义无反顾。容易被轻忽的是，荆棘丛里，也会有点点的野芳；骤雨狂风停歇时，也会有阳光从云间洒落。心里有了别人，前路必不孤独。拼命向前的过河卒子们，吹起节奏欢快的口哨，并肩向前吧。

三十三　从经典阅读中我们能获得什么

一直以来，始终有一个问题在我的脑子里盘旋：从秉持先进教育理念的美国，到近年来小步疾行进行教改的国内，都不断有相关人士强调经典阅读对于受教育者的价值和意义，然而真正将其中的堂奥阐释到家、发无余绪的，却似乎少见。那么，我们，以及我们的孩子们，从经典阅读中究竟能得到什么呢？当然，这或许是一个永远无法穷尽答案的问题。从形式到内容，从文辞到宏旨；从世间的万有，到人类的极思，还有未被经典作品发掘呈现并穷形尽相的么？想作答这样的问题，无异于自讨苦吃吧？而且，想必会有人说，经典阅读，读就是了，"读"就是一切，至于一个人能从中获益多少，要看个人的禀赋和当时当下，每个人所处的现实环境和心境，等等。

尽管无解，我却也始终未能完全地说服自己放弃这一注定徒劳的探寻。

直到中考的日子一天天迫近，我家也和北京几万个家有中考生的家庭一样，心无旁骛地陪伴孩子做最后的冲刺。

这个夏天，南方，暴雨和高温交替侵袭；北方虽干燥少雨，但高温也毫不留情地日甚一日，几乎与孩子和家长们日益焦灼的心情同步。

考前几天,学校已经停课,老师在校答疑,学生可到校,也可选择在家复习。白豆嫌去学校耽误时间,选择在家学习。白豆每天头不梳,脸不洗,从早到晚,埋首于一大堆凌乱的书本和卷子之间,不辞辛劳。白豆说:"妈妈,我真的不讨厌学习,可是我真的讨厌这样学习!"我只能一再地好言宽慰:"快结束了,就快结束了。"

白豆与小学同学雪,尽管初中进了不同的学校,但始终保持每周的电话聊天,逢到假期,两人必要见面。紧张枯燥生活中这小小的福利,在中考前几周,孩子们也主动放弃了。在考前最后一次通

话中，白豆说："这段时间我们先别打电话了，太耽误时间。等考完了，我们再痛痛快快地玩！"毕竟同为休戚与共的中考生，雪也深明大义，慨然允诺。

其间，白豆每当学习到心烦意乱时，就神往道："真想给雪打个电话啊……"我说："那就打吧。"白豆犹豫半晌，终于摇头作罢。

中考从周五开始，提前一天，我向单位请了假。一上午的时间都用来采买，并精心设计中考期间的一日三餐。

午休时，突然接到白豆姥爷的电话，说白豆的姥姥体检时查出身体有异常，经复查，被怀疑是结肠癌。老太太说，白豆马上中考了，不让老头告诉我们一家。中午，老太太乘他睡觉时，独自一人跑到我家附近的一家医院做 CT……

放下电话，我抓起背包就往医院跑，一路上，心里翻江倒海。

大汗淋漓地到达医院时，老妈已经接到电话，在医院门口等我。依然是她惯常的样子——一头短短的白发修剪得纹丝不乱；一身衫裤颜色素淡，齐整而妥帖，神情平静淡然，只是面庞显得清瘦了些……

老妈远远地看见了我，向我挥手，待我跑到跟前，见到我的一头热汗，不禁轻声埋怨道："真是的，一再跟他说别告诉你，这人就是沉不住气。"我知道，她因为心疼我而在抱怨老伴儿。

我扶着她向 CT 室缓步走去，途中，老妈轻描淡写地向我介绍了她的病情，最后强调："都还没确诊，所以，不必担心。"父母都有医学专业背景，一时，除了频频点头，我竟无语安慰。

待到在 CT 室门口排队等候时，老妈已经转了话题，跟我聊起白豆的中考来。她问了白豆的状态，中考的具体时间安排等等，随后，又大谈起自己年轻时种种的应试技巧（老太太当年也是学霸一般的人物），并很希望让我把这些转达给白豆。

见老人气定神闲，我绷紧的内心，也悄然地松缓下来。

忽然，走廊的另一端传来一阵凄厉的哭喊声。正在候诊的人们都受了惊吓似的闭了嘴，我循声望去，见一壮硕的中年妇女坐在不远处的一条长椅上，左手捏着张放射性检查的片子，右手抓着手机在哭号："……回来吧，你们快回来吧！我得癌了！我爸爸就是得这个病走的……"

女人旁若无人的哭号声在楼道里持久地回响。老妈轻声问我："怎么了？"

我说："大概是刚刚拿到检查结果，接受不了这个现实，崩溃了……"

老妈喃喃道："那也别这样啊，再说哭有什么用呢？"

这哭声，把我们从平静遥远的回忆中一下子拉回到了酷厉的现实。面对老妈，我依然无语安慰。

这时，护士在喊老妈的名字，终于轮到老妈做检查了。

我扶起她走向检查室，在门口，护士坚决地阻拦住我："家属在外面等。"我刚想再跟护士争取，老妈回过来头，道："出去等吧，没事。"语气温和，却有着不容置疑的坚定。

我退了出来，抱着老妈的背包，在门口的长椅上等待。这是我目前唯一能做的事。脑子里，却在一遍遍地回放在 CT 室的大门掩上的一瞬间，老妈留在我脑海里的背影——一丝不乱的白发，齐整的衣衫下，那瘦小而苍老的身体……不禁心里一阵酸涩，眼泪也不争气地扑簌簌滚了下来。

七十七岁的老人，凶险、疾病，仍要独自面对——只能独自面对。这境遇，与你是谁，无关。

此时此刻，那个萦绕在我脑海里许久的、大而无当的问题却似乎一下子有了答案——从经典阅读中，我们能得到什么？

眼前的情形，像极了《老人与海》里那老渔夫圣地亚哥为了保护自己好不容易捕获的大马林鱼，而与鲨鱼输死拼斗的场景。漆黑的暗夜，老渔夫独自一人，在滔天巨浪中，与穷凶极恶的鲨鱼群殊死搏斗。没有趁手的武器，没有帮手。眼目所及，只是浩渺的海和无边的夜，以及触手可及的绝望。当他九死一生、筋疲力尽回到岸边时，没有我们在众多俗套的电视剧里常能看到的等待他的鲜花和掌声，没有，有的只是他始终不曾放弃的大马林鱼的一副森白的鱼骨。

人在漫长一生中，总要面对这样的景况，不管是疾病、考试，或是其他让我们倍感压力的逆境，哭号，于事无补；尽管医生、家属在旁，我们能从周围环境中获得的帮助仍然十分有限，最终，我们仍要独自面对。原来,经典作品早就模拟并提炼了这样的现实人生，这或许是那个庞杂问题的答案之一吧？

把白豆姥姥送回家，我想起第二天就要中考的白豆，立刻脚步匆匆地赶回家。

一进家门，见白豆一脸的不豫之色，我以为是她学习累了，劝道："休息会儿吧，明天就考试了，今天不能太累。"

白豆没有接我的话，郁郁地道："妈妈，我刚才给雪打了个电话——"

白豆大概觉得此举有悖之前的约定，立刻解释道："我没打算跟她聊天，就想用一分钟的时间给雪加油鼓劲，结果——"

"嗯？结果怎么了？"

白豆的语气里有一种在她来说鲜有的沉重："结果，她说三天前，她放弃了中考，并且已经办好了复读的手续……"

我内心似乎又被重重地撕扯了一下："为什么？"我失口问道，立刻，我便想到了答案。雪这孩子曾经得过抑郁症，此时面对中考的巨大压力，孩子不堪承受……如此，如此。

许久，我和白豆相对而坐，半晌无话。

此刻，想着雪，想着老妈的病，想着《老人与海》里的老渔夫圣地亚哥，想着经典阅读，面对白豆，我忽然有了一种不吐不快的强烈冲动。于是，我问白豆："白豆，你从小到大读了那么多的书，其中，经典阅读占的分量很重，现在妈妈问你一个问题——从多年的经典阅读中，你究竟得到了什么？"

白豆瞪大了眼睛，在此时堆满了公式和实验、几何图形的脑子里拼命搜索和归拢着不成形的、过往的阅读经验。

接着，我向她讲述了长久以来我的疑问，以及这个下午我的所见、所思、所得……

第二天，中考大幕正式拉开。第一个科目是语文。

中午时，网上开始传出考试真题，作文题之一竟然是《阅读 实践 收获》！我想，白豆看见这个题目时，会喜出望外吧？

同时，也这表明，当前的教育工作者和管理者也已经意识到了经典阅读对于孩子们具有无可比拟的重大意义和价值。中考，很快就会结束，但孩子们今后的人生，却无比漫长，且注定不是一路平顺的坦途。

　　昨天晚上，临睡前，白豆说，她有几本在她看来很有价值的参考书，准备留给雪，也许会对她明年的中考有所帮助。现在我想，这份书单可以再增加一些内容，比如《老人与海》，当然还有其他，让这份馈赠变得更加充实厚重，让雪在明年的今天，能够自信地走上中考的考场，并在这样曲折的经历中，真实地长大……

　　祝福所有的孩子。

三十四　成长有没有加速度

上高中后，白豆的时间忽然不够用了。从早上七点半的早自习，到晚上九点半的晚自习，白豆每天在校时间超过十四个小时。

每天晚上，在豆爸启程去接白豆的时候，我就在家准备好她回来要吃的水果、酸奶；如果晚上在学校没吃饱，还要额外准备些小零食。

白豆大概在晚上十点二十分左右进门，随后，便在我一迭声的催促声中快速地换衣、洗脸、洗手，然后尽可能快地吞下每天的定量特供。之后，白豆举着酸奶盒，一边用吸管"吱吱"地用力吸着残余的酸奶，一边已经走向洗手间，准备刷牙了。

一连串的规定动作都保持连续和快速，这样，白豆才有望在晚上十一点左右躺进被窝。

话痨白豆常常抱怨"都没有时间和妈妈聊天儿"，说着，极尽疲惫地打个长长的哈欠，便迅速地沉落在梦乡之中。

只有到了每个周末的晚饭后，一家人的双脚和内心才能暂停奔波，各自找个舒适的角落慵懒地放松下来。

这个周六的晚上，我半躺在床上，手里持着kindle，下载了一本我慕名已久的社科名著，目光在屏幕上停留有顷，理性简洁的文字却始终无法走入我的内心。是不是太累了，为什么总是不能集中精力呢？

这时，偎在我身边的，正翻看手机的白豆突然爆笑不止。

"怎么了？笑得快背过气去了！"我终于放下手里的 kindle。

白豆仍然笑得难以自持，边笑边把她的手机递给我。

原来，QQ 里有一项功能叫作"那年今日"，软件会自动记录下一年前这一天 QQ 群里的聊天记录，回首往事，常会有意外之喜。

让白豆笑喷的"那年今日"，显示了一年前，白豆初三时班群当晚的聊天记录：那时，琳琳刚刚从普通班一路过关斩将，搭中考前的最后末班车杀入实验班。志得意满之余，琳琳却猛然发现小长假的作业还没写完，而明天就要上学了。情急之下，琳琳紧急在新班的微信群里求助。大概因为大家与琳琳不熟，因而应声寥寥。半晌，班长作为群主义不容辞地站出来指点迷津："没事，你还有一个晚上的时间，明天交作业应该没有问题。"班长笃定地回答。

琳琳冒冒失失地问："你谁啊？脑残吗？！"

班长不仅是群主，还是年级里数一数二的学霸，立刻被"脑残"两字激怒，反唇相讥："你才是脑残！祝你明天作业写不完！"

琳琳如梦方醒，连连道歉。

看完这段聊天记录，我也不禁莞尔。

看白豆，已经笑软在床上。

笑够了，白豆慢慢地坐起来，幽幽地叹道："刚才，好多同学又在群里烦恼作业没写完，唉，一年过去了，中考过去了，但是，

好像一切都没有改变。"

既如此,中考又意义何在呢?

初中时,尽管在数理化方面,白豆拼了命也难以望学霸之项背,但她的阅读量在班里可谓一时无两,这成了白豆在班里弱势生存的底气。经常地,白豆看班上有人在课间捧读一本小说,便笑眯眯地凑过去,先是故作轻松地招呼道:"哟,你在看这书?"同学"嗯"了一声,仍沉浸于情节之中,白豆这时已经看清了他阅读的进度,于是以迅雷不及掩耳之势,言简意赅地剧透。同学此时不得不从书本上抬起眼睛,看向白豆,讶异道:"这书你也看过?!"另有因被剧透而气恼者,故作追打之势,白豆则自谓得计,哈哈笑着逃掉,内心则得到了极大的满足。

上了高中，白豆进了文科班。我本以为，能主动选择文科的孩子，应该都是些亲近文字的，这下子，白豆优势不再了。

过了些日子，白豆发现，同学之间的差异很大，她的雕虫小技仍不时有偷袭成功的机会。

一天清晨，白豆迈进教学楼，见电梯处有一同班同学边埋首于一本书，边等电梯。白豆踱了过去，侧头一看，同学手里是一本《东方快车谋杀案》，白豆立刻心里有了算计。

电梯到达一楼，电梯门缓缓地收向一边。就在同学即将迈入电梯的一刻，白豆意味深长地说道："他们——都是一伙儿的。"

同学"嗯"了一声，捧着书，头也不抬地走进电梯。白豆则笃定地留在电梯外。

电梯门缓缓地合上。忽然，门再次打开，同学急急地一步跨出电梯，两眼直直地望到白豆的脸上："你是说，车上的这些人一起，合伙——"

白豆等到了她最享受的一刻。于是，脸上浮起一种故作痴愚的笑意，从口袋里摸出根棒棒糖，剥开，放入嘴里。半晌，才回应同学焦渴的目光："你呀，悟性太高了！我跟别人这么说，他们都听不明白呢。"说罢，白豆按下电梯按钮，跨入电梯，关门，升起，如同白豆此刻内心的雀跃。

留同学一人在电梯外独自悲欣交集。

是啊，连白豆的恶作剧也没有改变；看上去，除了时光，一切都留在了原地。中考，尚未遥远，高考，已步步迫近。

时常听身边的同事如此议论自家的孩子："我闺女特傻，都这么大了，还……"；或者"我儿子才傻呢，怎么说都没用！……"

也许是孩子们自来的生活条件较为优越吧，不用对生活本身投入太多的关注和心思；也许是环境比较单一，没有足够的变化来激发他们成长的机制。

成长究竟有没有加速度？除了被动等待,我们还能希冀什么呢？

单位里同办公室的一位大姐，近来因为工作关系，与一位年近五十的男同事发生了些争执。一日，该男同事来给她交报表：推门，进屋，走到大姐的办公桌前，抬手，松开手指，一张轻飘飘的 A4 纸呈自由落体，飘落在端坐于办公桌前的大姐面前。之后，该男同事转身，拧胯，飘然离去，背影里满是羞辱了对手的快意，从始至终未发一言。大姐面露苦笑，摇头叹道："这人，咋永远都长不大呢？"

我不禁浮想联翩。小时候，与小朋友因为玩沙包发生了口角，小朋友把沙包狠狠地当面掷在地上，道："还给你，破沙包，我还不稀罕呢！"说罢，转身离去。

上大学时，宿舍里有位来自农村的同学，我见她还在穿早就过时的的确良质地的衬衫，于是便把自己的一件很喜欢的衬衫送给了她，她接过时也满脸喜悦，我的内心也满溢着予人玫瑰，手有余香的满足感。未几，因一点琐事她迁怒于我。一天，我回到宿舍时，在宿舍的垃圾桶里发现了那件已经被剪成碎片的衬衫。

很多年过去了，那衬衫的残片始终留在我的心底。淡红的花型，明橙的底色，亮丽的色调竟有着一种张扬的狞厉。我知道，我不是因为漂亮而记住它，而是因为伤痛。

多年后，这同学主动联系我，邀我一起参加大学同学聚会。饭桌上，大家也是谈笑风生，亲热如故。我知道，在岁月里，大家都获得了成长。

是啊，人本应如此，自我修复，自我调适，自我成长，直至能够内心从容地面对过往和明天。

"实迷途其未远，觉今是而昨非"。能时时检视自我的人，才是内心有力量的人。

我又想到那位高空飘纸的男同事，他的人格大概是定格在他少年——甚或童年的某一时刻了，从此再未获得成长，其内心的软弱无力，令人叹惋。不知道原生家庭中的何种力量，按下了他成长的暂停键。

白豆困惑，为什么经历了中考的打磨历练，同学们却依然故我，幼稚不改？想来，人在群体中，面对艰辛，总能获得一种安慰和庇护，所谓分担，所谓风雨同舟，就是这个意思吧。但前路，必有独属于你个人的风霜雨雪，无可依靠，无人分担；同伴成为对手，同僚成为心态各异的看客，那时，孩子，你将如何应对？

我们无法为孩子预设人生，我们能做的，只是培育他们强大的内心和成长的理念。

成长具有加速度，这强大的推力，来自于家长和孩子的心灵相通，来自于孩子失败时我们的理解与宽容；来自于孩子畏缩时我们的鼓励与平和；来自于孩子成功时我们的肯定与理性——矮下身形做父母，让出天空，让孩子们沐风、被雨、迎霜、傲雪，长大。

三十五　学文耶，学理耶

十月底，白豆与一众走下中考考场四个月的战友们迎来了高中阶段的第一次比较重要的考试——高一第一学期的期中考试。

复习间隙，白豆将一则她从同学朋友圈里看到的段子截屏给我，内容如下："同学们，中考你们都经历过了，区区期中考，你们怕什么——"

在长长的，表示停顿的空白之后，包袱抖了出来："——它就考什么！"

随后，配发了一个一人捂脸的表情。脸虽被手捂住，但痛悔无奈不堪之情横溢于纸面，极为鲜活。

白豆爆笑，我也不禁莞尔。孩子们如此善于自嘲，证明内心镇定有力——在中考后，面临又一次大型考试之时。

这次考试之重要，还体现在：尽管在高一入学之初，大多数学校就进行了文理分科，但对于很多方向仍不明确的孩子来说，这次考试后，他们将依据成绩，进行二次选择。白豆这届孩子，是北京市进行高考改革，实行文理不分科之前的最后一届文理分科的孩子。

作为大变革前最后的遗存，孩子们内心的混乱也可以想见。

琛是白豆初中同学，很早就展现出对历史的兴趣和天赋，当别人艰难啃读《三国演义》时，他却在津津有味地捧读《三国志》。大家都认定他将来必选文科无疑。但高一开学时，他却出人意料地选择了理科。白豆大惑不解，问他原由，琛朗声答曰，文理不分科是大势所趋，他决定遵从时代潮流。是耶？非耶？我和白豆俱各茫然。

佳也是典型的文科学霸，也在高一分班时选择了理科。佳的理由是：先选理科，学不下去再转文科，以免将来后悔。

选择文科有可能后悔，选择理科就不会吗？

在与白豆聊天的过程中，我发现，先理后文，重理轻文，这几乎是当前家长们的共识，理由是：学理科将来就业容易，而文科则不然。

白豆身边，因为想学文科而被家长一再阻止、苦劝乃至威胁的孩子不止一两个啊。

20世纪80年代在中国大地上风行的"学好数理化，走遍天下都不怕"的理念依然具有强大的影响力。

学有一技之长，将来跻身中产者行列。这几乎是所有家长对孩子所寄予的期望，而这，也正是众多国家，包括美国这样的世界一流强国普遍推行的普鲁士教育体系所取得的成果之一。

"这种（普鲁士教育）教育方式的出现并非偶然。老师讲知识点进行分割教学，而学生通过死记硬背可以学会知识点，但要想从本质上掌握知识的内涵，则需要天马行空且无拘无束的思维能力。"

（《翻转课堂的可汗学院：互联时代的教育革命》）

纽约州年度教师约翰·泰勒·盖托说："整个教育体系基于一

个前提而建立：那些无法了解到第一手信息的学生以及那些只能被灌输了抽象、片面信息的学生往往会很顺服，并且缺少主见。"（《翻转课堂的可汗学院：互联时代的教育革命》）

有一个有关文理分科的笑话：王勃的《滕王阁序》中有这样的妙句："潦水尽而寒潭清，烟光凝而暮山紫。"语文老师在引导孩子们做文学鉴赏时提问"为什么会出现这样朦胧的烟光和紫色的山？"

一位理科生站起来，犹豫片刻后答道："可能是因为太阳照在山上，空气又是胶体，所以产生了丁达尔效应吧……"

老师不置可否。

一文科生起身，气定神闲地回答道："本段开头说，时维九月，序属三秋。点明当时时令；接着，进一步描写这个时间段的景色，以形成立体印象。文章中写，蓄积的雨水消退，潭水清澈，寒气摄人。夕阳西下，云烟凝聚，紫气缭绕，笼罩着远处的山峦。景色描写中运用近实远虚，潭水之清澈与烟云之朦胧形成鲜明对比，景色由近水至远山，由远山及天边云霞，一笔荡开，空间境界高远而辽阔，为后文的论述做好铺垫，流利自然又意蕴丰富……"

身为家长，如果能身临其境，亲眼目睹这一幕，你会更希望自己的孩子成为其中的哪一个呢？

晖是白豆高中进入新学校后最先结识的好朋友。晖坦直率真，心无挂碍，没心没肺的程度与白豆旗鼓相当，都能达到每周必丢一块橡皮，每学期必丢一件校服的水准。于是二人一见如故，相与甚欢。

由于我自身是中文系出身，因而白豆自小在我的指点下，便比其他孩子多读了些书，少学了些奥数、英语。进入高中，面临文理分科时，白豆自己做主选了文科，仿佛一切都如自动生成一般顺理成章，水到渠成，没有些微的犹豫、勉强和不甘。相形之下，晖选择文理科的过程比白豆要曲折得多。

起初，晖的家长说，不能选文科，学文将来找不到工作！虽然晖并不是一个理科牛孩儿，但她对家长的观点非常认同，于是顺从地选择了理科。

高中进行分层教学。起初，晖将自己的数理化生四门课程都选成了高层课程，之后，便是十分艰辛的鏖战。

据白豆说，晖经常熬夜，有时甚至通宵开夜车，白天还继续上课。经常地，中午来不及吃饭，晖就托白豆从食堂稍个汉堡包之类的快餐，草草打发了午饭。晖每天早上来上学时，还是清清爽爽的一个人，到了晚上晚自习时，头皮屑便已从头皮里嗞嗞地冒出来，沾腻在头发上。

即便如此，晖的各门课仍然不断地亮起红灯，随即，一些科目的老师开始找晖谈话。晖苦恼中，开始质疑自己最初的选择。

在晖的家里，意见也分成了两派。晖的妈妈是学理强硬派，一口咬定学文科将来找不到好工作，不肯松动半分；将孩子的辛苦和苦恼看在眼里，晖的爸爸虽然自己是理科出身，却反倒劝晖考虑转文，在他的理解中，或许文科比理科要容易？

相比之下，白豆倒一直沐浴在文科煦暖的春光里，心满意足，神气活现。中考之后，彻底告别了痛苦刷题的日子，白豆学习的兴趣和幸福感陡增。更有甚者，白豆现身说法，不停地向身边的理科

生们宣讲学文的种种好处——不用刷题，有趣，信息量大，学文后思想有深度，说话有营养等等，不一而足。最后提炼为一句口号：文科大法好，学文得永生！时日稍长，白豆竟得了"文科教主"的称谓。

豆爸心重，问白豆："你把理科大牛都煽动得学了文，你这不是自己给自己树立了更多的竞争对手吗？"

白豆耸耸鼻子，"会吗？人家理科大牛都是目标明确，意志坚定之人，岂是我能煽动得了的？"

我问："你这么坚定地选了文科，不怕将来找不到好工作，挣不到大钱？"

白豆一副满不在乎的样子："妈妈我觉得你的工作挺好啊，挣那么多钱干什么，够用就行了呗！"

白豆不追星，不慕名牌。上高中后，给她花了不到两千元换了个小米手机，白豆便颇是满足，一点不艳羡同学手中的 iPhone 之类。语文课老师让孩子们带电脑，上课时，一台台苹果电脑在孩子们的课桌上惊艳着，白豆则坦然地从书包里掏出了自己其貌不扬的"联想"。

在喧嚣浮华与种种世情焦虑中，永远葆有一份从容淡定以及知足常乐的幸福感，这难道不是文科教育的精髓真谛所在吗？人生在世，日食三餐，夜眠七尺，如此而已。参透此理，生命便属于了自己。

期中考试前，晖夙夜兴寐，手不释卷，付出甚巨。然而，结果依然惨淡。经受了如此冲击，晖的父母终于开始认真考虑让晖转文的事。晖也似乎从绝望中看出了依稀的希望。一次，晖问白豆："学文科将来能找什么工作呢？"

白豆翻着眼睛，努力从自己有限的见识中搜寻相关的信息："嗯，可以当——老师、记者、公务员、律师，嗯，嗯，还有——，反正，应该挺多的吧。"白豆笃定地回答。这个问题有些难度，连"文科教主"本人也从没认真思考过未来的生计问题。

听过白豆语焉不详的答案，晖的眼神又黯淡下来。

晖对白豆说，我要再给自己一次机会，再努力一次，如果还不行，到时再转文不迟。

白豆不解，转文为何如此纠结艰难，莫非还需要壮士断腕的决心？

期中考试结束后，学校未给孩子们太多的喘息机会，一科科的学科测验又纷至沓来。晖屡败屡战，很是悲壮。

一次，我和白豆聊天，说到晖，白豆钦敬地说："妈妈，晖真有小强精神啊！"

"啥小强精神？"我懵懂。

"嗨，就是打不死的小强精神呗！"白豆嘻嘻笑道。

然而，晖的坚持未能持久。

终于，老师找晖谈话，劝她认真考虑未来自己的发展方向。

这一次，晖的父母统一了思想。在距离高一第一学期期末考试还有一个月的时候，晖递交了自己的转文申请。

理科学不好可以转文，文科再学不好可以出国，所谓天无绝人之路，但这其间，有多少挫败、无奈和不甘。

晖及其父母对于文科的犹疑具有相当的代表性。

当计算机和网络改变了世界，人文学科的边缘化便成为一种世界性的趋势。

计算机和网络提升了整个地球的运转速度，人们因为提速而变得惶惑、忙乱、焦虑，失却了古典式的内心的从容。在如此的忙乱与焦虑中，"有用的一技之长"成了人们唯一的安身立命的依据。

此前，日本文部大臣下村博文给全国日本86所国立大学下达指令，希望采用必要的步骤和措施，取消社会科学与人文学部组织或转型，以便更好地满足社会需要。

2006年7月底，美国康奈尔大学发布了一项研究：家境优越的孩子更倾向于选择历史、文学等文科专业；选择计算机、物理等理工科专业的则更多是家境不好的孩子。因为理科——如计算机专业的年平均收入会比人文专业高 2.5 万美元。这项调查认为,对于所有学科,弱势家庭的孩子想取得一定的学术地位都相对于强势家庭的孩子占劣势;但对于理工科来说,这种劣势要小一些;而对于文史类,这种劣势则极其明显。

人文学科无可避免地式微,这真不是一个令人愉悦的结论。

默然,寂寥。随手翻动手边的书,看到了柳永《八声甘州》的半阕词:

"对潇潇暮雨洒江天,

一番洗清秋。

渐霜风凄紧,

关河冷落,

残照当楼。

是处红衰翠减,

苒苒物华休。

唯有长江水,

无语东流。"

细心体会这缓缓流布的目光,渐起渐付的心绪;耐心咀嚼一字一句的韵味与分量。这样的心境,这样的美好,在这个时代,凝固成了一个古典的背影,寂寂地淡出。

在这个时代的主流人群眼里,这一切是真真的落伍了,我想,唯有在那些渐渐变得另类的文科生心里,还存有些回响。借着这回响,这一群人葆有着最后的精神家园。当在凄风苦雨、刀光剑影的世间受了些风寒,遭了些创伤,他们可以退回心灵的这一隅,借这些有温度的文字和穿越时空、亘古常在的情怀治愈疗伤。比起"一技之长",这些,难道不应该是我们给予我们的后代子孙最好的精神遗产和防身的利器吗?

一天,白豆眨巴着眼睛说:"妈妈,我们上电影课的时候,老师说,电影里的长镜头最见功力了。可是,听说现在的电视剧,40分钟时长,要有四十场戏呢,虽然说电视剧和电影不能比,可是,这也太多了吧?"

我无语。

唯有长江水,无语东流。

惟盼望晖、白豆以及这一代孩子们,还能在心里记得长江水,记得长镜头。

三十六 当家长的你，会用微信表情包吗

上了高中的白豆依旧混沌懵懂，竟日傻吃傻睡，一派天真未凿。

只我这中年之人，会时时感受到岁月的流淌与风霜的刀剑。一时，我会忽然感慨道："日子过得真快啊，白豆你都上高中了。"

白豆闻听，先是楞柯柯地"嗯"上一声，随即又恢复了她嬉皮笑脸没正经的本相，笑道："妈妈，每次听你说'高中'两个字，我都不自主地吓一跳呢。你说，我咋就上高中了呢？"这孩子，还这么一惊一乍的。所谓岁月无情，在她这里全变幻为岁月无痕。是啊，白豆这话，一半是问我，一半也是问自己。在她心目里，高中的日子较之初中，并无根本改变，改变的只是环境和朋友圈，时光依旧，年少依旧。

细细想来，白豆的改变似乎也只停留在生理层面而未达心理。记得白豆刚上初中时，在一次家长会上，学校老师就反复提示家长，要充分重视孩子青春期的心理变化对学习的影响等等。初中三年，如静水一般滑过，中考还算顺利，我一边窃喜，一边又紧张于即将到来的高中三年。如今，白豆上了高中，青春期的迹象依旧渺然。每天在单位听同事抱怨自己青春期的孩子种种桀骜、叛逆，我不禁

自忖：白豆这孩子，不会不正常吧？

后来，一位学心理学的朋友为我释疑，按照她的说法，青春期的孩子没有明显的叛逆心理，是因为从家庭得到的关爱和理解足够充分。真是这样的吗？如若事实如此，这不啻为为人父母者得到的最高奖赏了。原来，亲子之间的关系竟然如此奇妙而感人，你充分地付出，孩子慷慨地回报，孩子是家长的一面镜子，更是为人父母者的一张成绩单。难怪有那么多的家长热衷于晒孩子呢。

静心的时候，细想我们身边，总会找到这样的人——即使已经两鬓苍苍，步入中年甚至老年，却依然幼稚顽梗如少年，事事抬杠挑刺，愤世嫉俗，动辄火冒三丈，颇难共事，浑身充满负能量，令人畏而远之；另一种情形则是为人怯懦腼腆如没长大的孩子，自己本能拒绝陌生环境与陌生人，蜷缩一隅，自我淘汰出局，在精彩的人生舞台上自觉地做了台下的看客……这些人格发育不健全的"老孩子"们，身上或多或少地都带有多年前从原生家庭蒙受的创痛，将本应是人生特定时段的青春期放大成了一生——一生不能治愈，一生无法与自己的过去和解，想来令人不禁唏嘘。

在已逝去的那些困苦艰辛的岁月里，父母无奈做了施害者，孩子无助做了受害者。如今，生活好了，这样的悲剧该会少些吧？

从小学到高中，白豆的同学里，有不少孩子的妈妈做了全职母亲。这样的家庭，一般父亲多是生意人，常年漂泊在外，极少回家。有的孩子说，从小到大，似乎没见过父亲几面。做父亲的也因此心怀歉疚，于是，就用钱替代了每日的陪伴和日复一日、点点滴滴的付出；母亲一方则情形较为复杂。心态平和的妈妈可能会满足于这样的一种闲适平稳的生活，却又觉得孩子缺少了父爱，于是对孩子不免骄纵些。另一种妈妈原本有志于做一番事业，后因情势所迫，不得不离开职场。一生抱负不得施展，他们难免情绪难平，最终迁怒于孩子。

燕燕的妈妈属于前一种。她对燕燕无限娇宠，孩子都上高中了，仍然口称"我的宝贝儿"不止。燕燕是个聪明漂亮的小姑娘，漂亮且多金。一个中学生，已经是一些品牌服装店的 VIP 会员，钱夹里除了信用卡外还有会员卡若干，并常常在微信朋友圈里晒她购物的成果。

新年时，孩子们互相在微信里发红包祝贺新年。孩子们的红包，大多价值十块八块的，发出去的跟收回来的基本等值，只是图个热闹而已。白豆像给其他同学一样，也给燕燕发了个6元的微信红包，立刻，燕燕的红包回了过来，白豆点开一看，立马傻眼——燕燕回馈她6元的十倍，60元！白豆可怜巴巴地举起手机给我看："妈妈，这可咋办啊？"我想了想，确也无计可施。

白豆说："我如果给她再发一个大红包，她可能会回过来更大的！唉，燕燕对我好我知道，燕燕有钱我也知道，可是，妈妈，我还是觉得好有负担啊！"

燕燕极聪明，尤其长于数学。初中时，理科，尤其是数学，于白豆不啻为洪水猛兽，于燕燕，却一直是举重若轻。但在理科占有压倒性权重的中考中，燕燕却因为中考体育痛失四分，最终的中考成绩比白豆低了一个档次。白豆每每说到燕燕，会用老师特有的、恨铁不成钢的口吻评价道："燕燕就是太娇气了，要不然，凭她的聪明，一定能拿高分！"

而欢欢的妈妈则属于另一种全职母亲——每每觉得自己为家庭、为孩子牺牲了太多，常常满腹委屈，于是，性子里便多了几分戾气，当欢欢偶尔淘气闯祸或成绩不佳，她从妈妈那里得到的更多的是贬损责难，而非理解宽容。

天冷了，孩子们纷纷穿上了厚厚的冬装。欢欢的脖子上多了条咖色的格子围巾。中午，白豆和欢欢一起去食堂吃饭，为了占地儿，欢欢一把扯下围巾扔在桌上，旋即，又急忙拾起，道："不行，我妈说，如果这条围巾弄丢了，要打折我的腿！"

白豆傻乎乎地问："不就是条围巾嘛，至于要打折腿？"

欢欢道："你不懂，这是巴宝莉的限量版围巾，很贵。"

白豆暗暗咋舌的同时，又慌忙上下摸索，看能否从身上找出个不太值钱的、能占座的物件。

欢欢从口袋里拿出自己的iphong手机，"啪"的一声拍在桌上，"别找了，就用它吧！"说完，拉起白豆去买饭。白豆心知那物件也并不便宜，又吃惊不小。

新年过后，高一第一学期便临近尾声。孩子们都投入到紧张的期末复习中。

白豆所在的文科班里，不断增加着从理科转来的孩子。其中有些理转文的孩子听说竟然是原来理科班的大牛，只是因为喜欢文科才转班，实属文理通吃型。这些消息，不断搅动着文科班原本平静的气氛，孩子们隐隐地预感将有一场风暴来袭，于是，神情愈发焦虑，从食堂返回教室的脚步也愈发急促匆忙。连一向淡定的白豆也不免有些慌神。这些日子，我和白豆在微信反倒交流得更密集。白豆直叙胸臆,把她的各种慌张、不安、焦虑、辛苦一概毫无保留地倾泻而出;我也丝毫不敢怠慢,一边工作,一边耐着性子,绞尽脑汁地见招拆招。

一天课间,白豆又抱着手机狂聊。欢欢在一旁问:"跟谁聊呢,那么起劲儿?"

白豆头也不抬地:"我妈呗!"

欢欢鼻子里发出"嗤"的一声:"跟自己妈能聊得这么热乎,真幼稚!"

欢欢随即向白豆的手机瞥了一眼,立刻惊诧:"不会吧?你妈还会用微信表情包?!"

白豆撇撇嘴:"这有啥?我妈用得好着呢!我还经常把我新收的表情跟我妈分享呢。诶,你妈跟你聊微信不用表情包吗?"

"我妈?"欢欢用鼻子哼了一声,满不在乎地,"我妈说自打我上高中以来,给她添了不少麻烦,她太累了,前两天出去旅游去了。"

白豆瞪大了眼睛:"都期末考试了,你妈还——"白豆一眼看见欢欢貌似轻松,实则失落的神情,便生生地把已到嘴边的半句话咽了回去。

我住在一栋普通居民楼的二层,楼下,是一位单身母亲带着自己刚上小学的女儿一起生活。每天早晨七点整,我会准时地听到这位母亲用她特有的、高频尖厉的声音叫醒她的女儿。隔着楼板,我听不清她喊的孩子的名字,但那锐利的声音划破晨曦,破空而来,总令我的心脏为之耸动。这孩子是个小琴童,晚上或者周末白天,常听到孩子练琴的声音,并同时伴随着母亲的呵斥声——因着更增了些怒气与怨气,这使得她的音量放大,且音色愈加尖锐,隔着楼

层听来，更像一种啸叫。

　　起初，这样的啸叫常常伴随孩子的大哭；而后，啸叫依旧，孩子的哭声却渐渐稀少，最近，竟至消失不闻。孩子不再大哭，但琴的功课依旧没有明显长进。每每闻听如此刺耳的叫声，我都在内心暗自揣想那个孩子内心的表情，长此以往，这孩子不见长进的大概不只是琴技吧，应该还有她的内心，以及她宝贵的明天。这个孩子在成长过程中，以及长大以后，将会以什么样的目光和心态来面向她的未来？她会因受害而模仿，还是因受害而闭锁？如果人生因此而失败，如此高昂的代价，我们这些做母亲的，能够背负得起吗？

　　前些日子，北京经历了史无前例的、超长的跨年雾霾。在无尽的、不见天日的沉沉灰霾里，最令人揪心的就是稚嫩的孩子们。直到北京市政府出台了在所有幼儿园、中小学试点安装空气净化器的意见后，家长们才略略地宽了宽心。试想，当我们的孩子从小到大，在长达十几年、甚至几十年的家庭生活中，时刻处于由父母亲手营造的心灵雾霾中，周身包裹，无从逃避，艰于呼吸，难见蓝天，其戕害程度怕不猛于虎且猛于真实的大气灾害乎？

在我家，白豆跟我的交流更频繁、主动，有关白豆在学校的种种情形，豆爸常常是最后一个获知的。

一次，豆爸终于得知他闺女每天在学校都跟我进行十分频繁的微信互动，立刻变得心态不平衡起来。豆爸的不平衡，完全可以理解。从白豆上幼儿园时，周末到少年宫学舞蹈开始，十年来每天起早贪黑地接送白豆上下学，再加上课外班接送，他所付出的时间和辛劳都是巨大的。这般付出理应得到回报。

豆爸提议："白豆，咱家三个人建个微信群吧，有什么事咱都可以在群里共享。"

白豆说："好好。"

当晚，微信群就建了起来，群名就叫"好好"。

开始时，这个群还是相当活跃的，白豆把她在学校的生活报告在群里，比如，今天又考试了，考得不太好；同班的学霸飞快地写完作业交了，她还差很远；午饭吃了些什么等等。豆爸很努力地回应着，有时，我能察觉出他的回复有些勉强，但他的努力不容置疑。

大约过了十来天的时间，白豆又开始跟我私聊。于是，"好好"变得沉寂。

一天晚上，白豆在学校上晚自习还没回来，豆爸捧着手机划拉了一阵，问道："诶，最近这孩子怎么了，经常一整天都没消息。"

我道："有啊，白天给我发了有几十条微信呢。"

豆爸直视我，此刻脸上的失落难以掩饰："这孩子，有话为什么不在群里说呢？"

我说："你让孩子说什么呢？白豆说，今天考试没考好，你马上批评她平时不用功；她说今天中午食堂吃红烧鸭子，你马上说要多吃素菜，注意荤素搭配等等。不管孩子说什么，你都能马上泼过一篇大道理来，板起脸来批评加训诫，长此以往，谁还会有说话的欲望呢？"

豆爸依旧一腔不平之气："家教，这就是家教，子不教父之过！"说着，豆爸停了停，情绪上似乎受了些磋磨，声调低落下来，但仍然心有不甘："再说了，我整这一篇大道理容易吗？我的拼音又不好，打出这么多字来要费多少工夫？"

豆爸的辩解令我哭笑不得："孩子在学校够累的了，你想想，她每天早上六点多出门，晚上十点多才进门，披星戴月啊。孩子在这一天里也要经历不少事情，有好事，也有不好的。孩子累了，烦了，伤心难过了，在群里稍稍发泄几句，你就不能多理解，多包容吗？"

豆爸鼓起腮帮子，依旧振振有词："我的孩子我当然心疼，但我觉得有些事不能太迁就！"

我气得起身要走，豆爸在身后喊道："哎哎，那，那你说，我该怎么说啊？"

我转身，一字一句地："从明天开始，你要学着使用微信表情包！"

豆爸："啥表情包？哦——，就是那个又哭又笑又瞪眼的那个？

切，没意思，没正经！"

我又转身要走，豆爸又在身后叫道："哎哎，我话还没说完呢！就是，那个表情包，你得告诉我上哪儿找，怎么用啊……"

我暗笑。可怜豆爸也才刚刚开始使用微信，怎么办呢？情势逼人啊。

微信表情包代表一种姿态——矮下身形，目光与孩子的眼睛平齐；心脏与孩子的内心平齐。设身处地，平等交流，放弃高高在上、不可一世的家长的权威与尊荣。权威与尊荣不仅仅来自于血缘，应该更多地来自于孩子对于这种亲子关系以及家长地位的认可，在认可之前，是长久、耐心、平等、春风化雨式的理解与爱。

我相信，很多家长并不缺乏对孩子的爱，但我们从自己的原生家庭，从我们的父辈那里承继了太多粗糙的，过于傲慢的教育理念，不自觉地将之融入血液，接受、模仿、实践、习惯。

只是，今天的孩子，大不一样了；今天的社会，大不一样了；孩子们的未来世界，也大不一样了。

所以，做家长，先从学习使用微信表情包开始（笑脸）。

三十七　人生需要错题本

我读研究生时的导师如今已年逾八十，阅深练达，慈和可亲。虽须发皆白，仍声如洪钟，思维敏捷，言语简达精当。虽已毕业多年，但和老师聊天，于我而言，却始终是一件受教受益的事，这种感觉，随年龄增长，较之年轻时，竟有增无减。

我常常在想，师生之情真是人世间一种至为美好的情感，无一丝利益牵绊，唯有倾囊倾情的性灵的养育呵护。

老师的女儿毕业于清华大学，赴美留学归国，现任教于清华母校。如此履历，实在令人艳羡不已。老师也时常向我们这些已经为人父母的弟子传授些育儿经。

知道白豆如今已上高中，老师便立刻从记忆中提取相关信息，夹叙夹议地讲述他的女儿当年如何成功地考入清华大学。

秘籍之一便是——错题本。

他女儿当年所在的中学是北京市一所著名中学，历史悠久，高考战绩辉煌。这所中学的老师对错题本极为重视，常抓不懈。此举根源于对人性的深刻洞察——一个人犯下的错误，不可能一次完全改正，而需要在日后反复重温、审视，不断强化，直至斩草除根，

杜绝后患。

老师之言，直如醍醐灌顶。

其实，白豆在初中时已在老师的严词督促下建立了错题本，但却始终未能在思想意识上对之予以足够的重视。因而，这错题本也最终流于形式。

在与白豆的高中数学老师交流时，提到白豆在数学方面的表现，老师笑道，这孩子，倒还踏实，就是——同样的错误能一而再，再而三，甚至三而四，一再重蹈覆辙。

现在想来，对错题本的轻忽，实在是源于一种内心的骄傲——

不相信自己能在同一个地方摔倒两次，甚至更多。

白豆自小算是个老实乖顺的孩子，看到别的家长因为自家孩子调皮捣蛋而惹下的种种祸事，我也常暗自庆幸。即便如此，白豆在上小学时，我也曾有过两次被老师批评教育的经历。

后来据白豆自己回忆，大概是在课外机构上英语课的时候，跟班上的同学学会了用简笔画画便便。见同学三笔两笔，形神毕现，其上还有热气袅袅。白豆大喜过望，卑身学艺，顷刻技成。

有本事在身的人，总免不了时常技痒。

一日课间，轮到白豆擦黑板。白豆轮番用板擦和湿布勤恳地将黑板擦得洁净如洗。正欣赏自己的劳动成果时，忽灵感迸现，白豆鬼使神差地捻起一支粉笔，三下五除二，熟练地在黑板上画了坨大作。可谓"笔落惊风雨"，教室里的孩子们哄笑起来。白豆见效果甚佳，不禁有几分陶然自得。

这时，上课铃声凄厉地响起，白豆忙不迭地刚想毁尸灭迹，身后已经传来老师威严的声音。

这天，临近下班的时候，我接到了班主任老师的电话。初接电话时，还是有些惶恐，及至搞清楚事情的原委，我心里确有几分不屑：这点儿小事，老师未免小题大做了。当然，我依然按照套路道歉并认错。

晚上，就此事询问白豆，白豆的小脸上立刻显出几分惶急的神情来，我心里微微一叹，未等白豆辩解或认错，就轻描淡写道："以后别再在黑板上乱画了。"

白豆痛快地脆生答应着，大概自己也没想到此番能如此轻易地过关。

不想，不多久，我又一次接到了老师的电话，老师笑道："看来这孩子还真是喜欢画这个东西。"

我诧异地问："又画黑板上了？"

老师哭笑不得地："这次倒没画黑板上，却画到了同学的作业本上。你别说，她画得还真像，栩栩如生的。"

再次对老师道歉认错后，我不禁心生懊恼："这熊孩子，怎么就不知道举一反三呢？！"

回家后，我郑重地对白豆再三申明："今后，不允许在学校画这个东西，任何地方都不可以！"

白豆大概从我的神情里推断此番事态不比前次，显出几分胆怯畏缩，频频点头。

这事似乎就此平息，今后的日子风平浪静。我从白豆的作业本，甚至草稿纸上再没有发现任何蛛丝马迹。唉，这孩子，一向对美术无感，此番对绘画刚刚萌生的一点点兴趣，就此被打击湮灭了，我心里又笑又叹。

那年的夏天来得早，刚刚四月底，气温已经飙升到 30 摄氏度。我不禁暗自庆幸，幸亏我有先见之明，早早就把卧室里出了故障的空调换了新的，免了多少麻烦。想着，我下意识地抬头看了一眼卧室墙上那崭新的空调——咦，咋看上去不太对头呢？

我不禁凝神盯视良久，怎么回事？为什么在出风口的位置上贴着张白纸？白纸与空调机都是白色，不仔细看竟很难发觉。

我满腹狐疑，登到暖气片上，伸手将白纸揭开一看，不禁怒从心头起："白豆这孩子，怎么敢把那坨便便画到了新空调的出风口上？！"

我急声喊来豆爸，所谓奇画共赏。

豆爸看罢，连连摇头叹息："你说咱闺女，那么矮的个子，怎么敢爬到那么高的地方画这个，她就不怕摔吗？"

"唉，这个傻孩子，一定是用油笔画的，画完才发现，用湿布擦不掉，又怕败露了挨呲儿，所以急中生智用块白纸盖上了。别说，要不是今天要用空调，还真被她给蒙过去了，呵呵。"

豆爸又说又笑又摇头，我心里明白，他在用这种大事化小的方式平息我的火气，同时为他闺女开脱。

不让在黑板上画就在同学作业本上画；不让在学校画就在家里画，不算太出格的一点错误，白豆一犯再犯。

王阳明说，知行合一，知而不行，只是未知。

看来，不仅学业需要错题本，人生也需要错题本。错题本，代表一种敬畏的态度，代表直抵内心的触动和省察，代表由经验向人格的内化整合，代表由"知"向"行"真实有效的努力，以及白纸黑字，立此存照的决然。

大哉，错题本！

思忖着，我自觉已经就错题本对学习乃至人生的重大意义之课题，揣摩得足够深入透彻，且已然上升至理性的高度。便谋划着与白豆进行一次触及灵魂的恳谈。

白豆最近在学校的语文课上正在学习《论语》，于是我就谋划着以此作为切入点。

这个周末，老师格外开恩，作业留得不算多。

"写完啦！"白豆"啪"的一声合上作业本，随后大大地、努力地欠伸，身体张得近似弓形，似乎要凭此将所有的疲劳弹飞出去。

机会来了！我审时度势："白豆，最近你们语文课还在学《论语》吗？"

白豆终于把迤逦歪斜的身体收归正常，打着哈欠，口齿不清地说："是啊，还要写——哈——论文呢。"

我趁热打铁，做进一步的诱导："是啊，《论语》这本书确实值得好好研究，我看啊，你这次的论文题目就定为——"

"啥？"白豆立刻把身体转向我，两颗黑葡萄般的眼珠子直勾勾地盯着我，疲态全消。看她如此期待，想必这论文也颇让她觉得为难。

我不再故弄玄虚："《论语·雍也》里说，'有颜回者好学，不迁怒，不贰过——"

"不幸短命死矣！"白豆立刻抢过话头，说罢哈哈大笑不止。

我立刻气馁。

如今的孩子，无论多么严肃深沉的话题，他们都能从中罗掘出可笑或荒谬的部分来予以嘲弄颠覆。不仅藐视权威，而且孩子们见多识广，能言善辩，于是说教变成了一件十分困难的事。

我仍然心有不甘："虽说颜回短命早死，但这段文字里确实蕴含着很深的道理哦，你这次的论文就完全可以以此为题啊。"

"哦？"白豆终于笑够了，慢慢收敛了狂态，神情沉静下来。看来作业的压力不小。

真正的机会终于来了，我也端凝了自己："有人问孔子有关好学的问题，孔子却回答说颜回好学，不迁怒，不贰过。自己不高兴不迁怒于人，同样的错误绝不再犯。如今颜回不在了，就再也没有好学的人了。可见，古人所谓好学，皆是指做人。你可以在论文里好好研究一下做人与为学之间的关系。"

"对哦——"一抹轻浅的笑意在白豆脸上略过，随即，她陷入了沉思。看来，这孩子对这个题目并不排斥。

"还可以联系自己的生活实际谈一谈，比如数学方面的学习，为什么同样的错误总是屡犯不改呢？对比颜回的'不贰过'，差距是不是太大了呢？"我终于点出了话题的核心。白豆浅浅地点头，似乎心有所动。看来有效果。

晚上，白豆早早就躺下睡了。

我则不无得意地向豆爸嘚瑟我白天跟白豆沟通的成果。

"嗯，不贰过，嗯，做人与学习之间的关系——真是好题目啊。"豆爸细细咀嚼着文辞，不由得赞叹。

"是吧，不错吧？"我简直有些飘飘然。

豆爸沉吟着开口："你还记得吗？"

"啥？语焉不详的。"我问。

豆爸："这些年你替咱家买的那些理财产品——"，豆爸说着，伸出巴掌，将大拇指收拢掌心："黄金，你买在了最高点位；"之后，他又曲下食指压在大拇指上"股票，你也在最高点位杀进，然后被深度套牢；"这次弯下的是中指："还有，这次咱家换房，天天看着房价涨，终于忍不住出手了。结果刚签完合同，国家就开始出手抑制房价。目前看,咱们又买在了价位最高的时候。"

豆爸终于垂下了他那只标记着我的累累失误的可怕的右手。

"这么多次失误,你想没想过其中的原因呢?难道都是因为咱们运气不好吗?"

失误累累,蠢行昭彰,我竟无言以对。

豆爸于是高屋建瓴地总结发言:"当然,你做这些决定都是经过我同意的,责任当然由咱两人共同承担,话不说不透而已。只是仔细想来,不贰过,错题本,为人,为学,做事,这里面确实有大学问啊。"

程树德《论语集释》说得明白:"问好学而答以不迁怒不贰过,则古人所谓学,凡切身之用皆是也。古人之学,在学为人。今人之学,在求知识。语云:'士先器识而后文艺。'不揣其本,而惟务其末,呜呼!"

器识未能养成,便为学做事,舍本逐末,其结果只能是"呜呼"啊。

看来,人生需要错题本,从现在开始。

三十八　为名所累

　　不知为何，白豆在高一第一学期期末考试前，情绪异常烦躁。在考试前的一个周末，我和豆爸出门办事，留白豆一人在家复习。车行途中，我便不停地收到白豆的微信，内容大多是"累死了，好烦啊"、"要睡着了"云云。我没太在意，只是好言安慰。我自己也是文科生出身，深知文科生在考试前背书背到癫狂的苦楚，于是心里谋划着，等考完试，是给她做些好吃的，还是索性利用春节假期带孩子出去玩几天呢？

　　晚上到家，一进屋，见书、本凌乱地摊满了一床，白豆坐在中间，头发凌乱，面露疲态，一副坐困愁城的架势。

　　没等我开口，白豆便"啪"地合上书，"完了，完了，我怎么什么都不会啊！就这样，明天可怎么考啊？"脸上写满了焦躁、慌乱和绝望。

　　我似乎此刻方才意识到问题的严重性。怎么会这样？中考前也没如此焦虑过。

　　考试这一天，北京市再陷重霾。从早上八点钟开始，我便自动地进入身临其境的状态，不安的感觉如潮水般一阵阵地略过心头。

我不停地看表，脑海里想象着白豆时而奋笔作答，时而凝眉思索的画面。时间在时钟上步履沉重地挪移，似行进，又似踟蹰，一秒、一分都迟滞、漫长。

十点钟，语文考试结束。我在十点零一分发出第一条微信"咋样？"

很久，白豆才回复——"还行"。

知道英语考试将在十几分钟以后开始，我不敢继续追问，生怕搅扰她的情绪。

我长久地注视着"还——行"这两个笔画简单的字，心里默默揣摩、咀嚼着这两个字背后的潜台词以及各种可能性。

到下午，我的微信开始被白豆所发的表示沮丧、痛悔的表情刷屏。我勉强克制着内心的不安，搜寻出些已经陈旧成了套路的理由来开释；毕竟，考试还没有结束。但我的心，却一次次地从悬崖的不同深度，一再地、无望且无止境地——跌落。

整整两天，重霾中的人，艰于呼吸，焦虑绝望。同时，又不甘心地怀揣一点微茫的希望：据说今晚京城将有寒潮来袭，明天，天会是蓝的吧？

晚上，白豆到家时，显得有气无力，两眼失神。

卸下书包，我刚小心翼翼地问了一句"考得是不是不理想？"白豆立刻眼眶发红，嘴角抽动着，一再隐忍，终于忍无可忍，层层累压的情绪如破堤之水，奔涌而出。白豆扑倒在床上，号啕大哭起来，直哭得天昏地暗，催肝裂胆。

除了婴儿时期吵奶吃，白豆大概还从来没这么撕心裂肺过。这一天，这孩子在学校，在同学面前，不知是如何掩饰忍抑的。

　　上高中后第一个学期的期中考试，白豆懵懵懂懂地考了个文科班第三名，这对于在初中时饱受学霸碾压的她来说，简直是喜从天降！

　　红彤彤的光荣榜就挂在教学楼的楼道里，进来出去时瞟上一眼，想必白豆的内心是如沐春风般无比陶醉的。"学霸"桂冠加身，加之老师的爱宠，同学的艳羡，渐渐地，白豆的心理开始有了些微妙的改变。

　　之前厚道单纯的白豆开始对身边的一些同学有了微词，有时候，会嫌弃男生不经常换洗衣服；有时，会嫌弃一些爱打扮的女生学习差，云云。近来，竟至对我和豆爸也偶尔流露出些不豫不敬之色。

　　为名所累，为名所累啊。

　　对于学习，如沐春风只能是片刻，如履薄冰才是常态。

　　豆爸曾经给白豆讲过他小时候的一段令他刻骨铭心的经历。

　　豆爸上小学时，数学成绩突出，因此而收获了颇多的赞誉。豆爸因此就自得起来，并终于想出一个炫耀的好办法：每当作业得到一个"优"，他就把这个成绩写在数学作业本的封皮上。久而久之，豆爸的作业本变成了最显眼的一个——一长溜清一色的"优"延展开去，并颇有连绵不绝之感，无声地向所有人宣示着主人的出色与骄傲。

　　持盈保泰，最是困难。终于有一天，作业本发下来时，豆爸看到一个"良"赫然刺目。豆爸不禁立刻血往上涌。怎么办？保持了那么久的荣耀就要戛然而止吗？同学们会取笑吧？老师又会如何？

路蜿蜒，向北大——非典型学霸养成记

在经过激烈的思想纠葛和心理缠斗后，时年九岁的豆爸用橡皮擦去了那个错误的答案，填上正确的，之后，拿着作业本佯装镇定地走到老师的办公室，对老师说："老师，这道题您判错了，我的答案是对的。"

老师接过作业本，细心地看了看，抬起眼睛，注视着内心极度不安的豆爸，脸上依然是她惯有的慈和的神情："我当时在判到这道题的时候，还在想，这么简单的题，是谁做错了？于是，我翻到本子的封皮，看到了你的名字，同时，我也看到了那上面的一长串'优'，我想了很久。其实，仅仅这道题做错，你的这次作业成绩我可以给'优一'，这样你仍然可以保持你光荣的记录，但是，孩子，这样你就太累了，不仅累，而且还可能会出别的问题，就像你现在这样。为了让你放下，我给了你一个'良'。"

豆爸说，他当时羞愧难当，真恨不得在地上找个缝钻进去。临离开老师办公室时，老师又叫住他，将一盒粉笔递到他手里，说教室没有粉笔了，请他帮忙带过去。

豆爸不知道那天是怎么走回教室的，当他把粉笔盒放在讲台上时，却发现讲台上原有的粉笔盒里还剩有大半盒完整的粉笔。豆爸当时立刻明白了老师的良苦用心，羞愧、感激之情奔涌上心头，背着人，他悄悄地抹了抹眼睛。

之后，豆爸换了一个作业本，从此不再在封皮上写作业成绩。

长大后，每逢春节，豆爸都会去看望这位老师，直至老人去世。

这个故事就像一个寓言，寓意是，做人要常怀敬畏之心，敬畏知识，敬畏考试，敬畏学习，敬畏人生。

老子说，"知足不辱，知止不殆，可以长久"。

痛过，哭过；辱过，殆过；白豆该会长大些吧？

当晚，寒潮如期袭来。听着窗外呼啸的风声，我的内心竟感受到一种前所未有的安宁和宽释。

第二天清晨，天色还未大亮，却已空气清冽，天空澄澈。

白豆眼皮有些红肿，一边穿衣起床，一边似有所思。

"妈妈，"白豆开口。

"妈妈，今天是那张写有我名字的红榜挂在楼道里的最后一天了，你说，我要不要拍张照片留个纪念？"

我正在斟酌用词，白豆忽又改了主意："算了，不拍也罢！"

说罢，穿上拖鞋，一路小跑地冲进了洗手间。

一句"算了"，既决绝，又轻松。

我知道，白豆已经合上了那个字迹斑驳的旧作业本，一个封皮干净的、崭新的本子已经翻开。

她会再出发吧，并走得沉稳、长久，因为，她给了自己一个与以往不同的起点。

三十九　学霸以及学霸人格

高二第一学期期末考试中，白豆的数学成绩较期中时有相当幅度的下滑，这大大影响到了白豆在年级的总排位。

考试的硝烟散尽后，白豆和一位好朋友小雯聊天时提到此事，小雯是白豆初中时的同班同学，中考时和白豆一起考到了现在的学校，理科学霸。

小雯听白豆说完，立刻一针见血地问道："莫非你复习的时候没有去见王某某蜀黍？（王某某，一本高中数学练习册的编者，这里特指没有刷王某某编著的数学练习册）"。

白豆老老实实地点头承认："是。"

小雯一脸的遗憾："那怎么可以呢？难怪你考砸了。"

白豆对学霸的犀利明察深感惊诧。

之后，白豆与我聊到这事时，仍然一脸的讶异："真是怪了，她怎么知道我没刷那本练习册呢？"

我思谋良久："或许，这就是学霸之所以是学霸的关键所在。他们对每一科目都已经形成了自己的一套学习方法，经过一次次考试检验后，行之有效，因而不打折扣地坚持下来。进入考前复习阶段的时候,人家立刻目标明确、方法明晰、有条不紊地入手,最后自然结果可期。若是一些成绩不稳定的孩子,比如——你,"我笑指白豆,白豆撇撇嘴,默认了。

"比如你,东一榔头,西一棒子,全无章法——"

"可是——",白豆急急地打断我,"我期中考试前也没刷那本王某某蜀黍的练习册,成绩也不差呀!"

我思忖道:"我记得你说期中考试数学题不难?"

白豆承认:"嗯。"

"那就对了。题目容易,像你这样的孩子与学霸很难拉开差距;一旦题目难度提升,学霸仍然不失其本色,但像你这样的,立刻就露出马脚了。"

"诶——"白豆粗重地长出一口气,大概是认可了我的分析。

学霸是这样一种孩子,恒久的努力、坚持与付出,使得自己长立于不败之地。能打败他们的,唯有自己。在中考中,也见过失手的学霸孩子,他们最终输在了自己的临考心态上,换句话说,输给了自己。

终于放寒假了,疲累了一个学期的身心在温暖舒适的床上得以安放。

第二天,白豆便自动进入假期补觉模式。

连续四个多月的早出晚归,披星戴月,不知累积了多少的困倦,白豆这一睡,直睡得昏天黑地,荡气回肠。

时近中午,白豆才懵懵懂懂地从床上坐了起来,两眼迷蒙地发呆,脸颊也泛起了久违的红晕,毕竟是孩子,身体的修复功能强大。白豆环视,一眼瞥见桌上的手机有新消息的提示灯在闪。"有人找我!"白豆一跃而起,一把抓过手机,立刻又缩回自己的被窝。翻看着手机,迷蒙呆滞的双眼瞬间焕发出神采,脸上笑意盈盈。

我试探着问道:"同学们都放假了吧?"

白豆:"嗯嗯。"

我:"都还没开始写寒假作业呢?"

白豆:"同学里好多是外地的,他们都忙着准备回老家过年呢,哪里顾得上写作业!再说了,马上要过年了,大家都在群里发红包,抢红包,这种氛围实在不适合写作业嘛。"

白豆振振有词。

我问:"那小雯呢?"

白豆思忖道:"小雯哦,好像这两天在学校进行竞赛集训呢。"

大概因为小雯,白豆受了些触动,一边自觉地穿衣起床,一边念叨着:"仔细想想,作业还真是挺多的,老师还布置了一大堆的书要看,老师说,文科生要手不释卷呢。诶诶,我还是今天就开始写作业吧。"

正式进入春节长假,喧闹的北京立刻安静了下来,车少了,人少了,因为雾霾,今年的烟花也少了。我想象着白豆的同学们跟随父母,舟车劳顿地返乡过年,心里生出些异样的感受。

每逢年节,常常是我们这些中年人同学聚会的时机。我们的小学同学、中学同学,往往就是我们自小的邻居、发小,玩在一起,学在一处,经年累月,那般情谊,经得住时间的磨洗。经常地,我们会有这样的经验:多年不通音讯的同学,只要坐下来聊上几句,瞬间，逝去的岁月，旧年的音容，心底里只是沉寂却从来不曾远去的情愫，苏醒，焕然，一切如若昨天，一切依旧温热暖人。

跟我们这一代人相比，白豆们的学生时代多了些比较、竞争，少了些相知相守，学校如职场，甚而，战场。

回老家过年的孩子时常在自己的微信朋友圈里发布些有关老家的信息。白豆给我看她的一个老家在甘肃农村的同学拍下的照片：一片低矮的土房，映衬在西北澄澈碧蓝的高天下，显得愈发低矮、寒酸。隆冬季节，四野萧然，荒凉之感从眼眸直抵内心。

白豆说，她的另一位老家在云南的同学，如果想上网，需要翻越一座山……

我不由得在想，如这些每年经历城市与乡村天壤之别的孩子们，是更沉湎于都市生活的繁华便利，还是更能以此磨砺心志，投身学习呢？

放寒假前，白豆的老师半开玩笑地说："这个假期希望大家要好好珍惜，也许，这将是你们高中阶段唯一一个能算得上'假期'的假期。"

其潜台词，不言自明。

过完元旦的一天，白豆突兀地说："妈妈，我去年初三，明年高三！"我立刻不假思索地斥道："瞎说，不会算数吗？"

白豆不答，莫测高深地笑嘻嘻看着我。

我在心里掐指一算，真的！白豆去年中考，两年后上高三，现在是——果然"去年初三，明年高三"啊，我的心立刻紧绷起来。

白豆见我领悟后，马上脸上变颜变色，不禁笑得打跌。

所以，老师才会说这个假期将会是高中阶段唯一一个算得上'假期'的假期啊。如谶语一般，孩子们对未来两、三年的生活立刻有了极为形象具体的想象和预期，并落实于行动——老家也在外地的学霸小雯，在春节期间，只和父母去了趟庙会；更多的同学则奔向各自的目的地：全国，乃至港澳台、欧美澳世界各地，直至春节假期结束，孩子们才倦鸟归巢。

通过微信朋友圈，白豆全面地掌握着自己同学的动态信息。

长途奔袭归来的孩子们，旅途的风尘尚未洗去，却惊觉开学的日子已在眼前，而寒假作业仍存量甚巨。于是，网上开始流传各种有关寒假作业的段子：有的孩子说，落在飞机上了；有的说，不小心掉猪圈里，被猪吃了；有的说，不幸路遇强盗，被打晕抢走了……开学前，有关寒假作业，竟至形成了一场全民小小的狂欢。

高中的孩子，心智成熟，断不肯以如此智障的理由授人笑柄。没办法，咬牙赶作业吧。

于是，白豆便发现在朋友圈里，不少同学郑重宣布"闭圈"（即关闭微信朋友圈功能）以表专注学习之决心，甚而有的孩子称将闭圈两年。

白豆看后，习惯性地耸耸鼻子，自语道："嘿，我咋不太相信呢。"

果然，不足二十四小时，若干闭了圈的同学开始在朋友圈里发布新的消息。较为顾及自身声誉的，会悄悄删除之前发的那条"闭圈"宣言；较为粗线条的，则坦然地置之不理，大刺刺地在微信朋友圈里开始新的一天。

白豆面有得色："你看，我说我不相信吧。"

我好奇地问:"学霸闭圈吗,比如小雯?"

白豆想了想:"从来不。"随后,又思忖着补充道:"学霸闭圈只在心里,而不是在嘴上。"

白豆此言甚是。

像白豆这样成绩忽上忽下的孩子,经常抵挡不住手机的诱惑,每到大考当前,白豆不得不把手机锁到柜子里,强行隔离。而像小雯这样的孩子,学习时,手机就在书本旁,却心如止水,不为所动。只在休息时,会在微信群里和大家互动一会,以达放松之效果。青春勃发的孩子,也时常在朋友圈里发些动态消息,以及自己写的文章,乃至自己唱的歌,毫无封闭寡欢之感。

我不禁叹服:"这定力,真比柳下惠还厉害呢!"

白豆的学校有个惯例,每至一次大型考试结束,年级里会举办一次场面浩大，气氛热烈的表彰大会。学霸们是这一天当然的主角。小雯每考必名列前茅，理所当然地是这场合里的焦点。

一次，表彰大会正开得热烈，从红榜上滑落的白豆落寞地溜了出来，在寂静的教学楼里乱逛，似乎只有这空荡荡的楼道与她此刻的心境相类相协。逛着逛着，白豆却不意在一间教室里，发现了正在埋头学习的小雯！偌大一间教室里，只她一人，那安静的背影，在白豆眼里，化成了一道颇具冲击力的景观。

古时候，金榜题名的状元大都要骑高头大马夸街，在街旁围观者的赞叹艳羡中享受苦尽甘来的极致荣耀，而小雯这孩子——，我不禁对学霸，以及学霸人格，又多了些认识和感慨。

专注，是成为学霸的核心人格要素。百度百科对"注意力"的释义是：注意力是大脑进行感知、记忆、思维等认识活动的基本条件。在我们的学习过程中，注意力是打开我们心灵的门户，而且是唯一的门户。门开得越大，我们学到的东西就越多。而一旦注意力涣散了或无法集中，心灵的门户就关闭了，一切有用的知识信息都无法进入。正因为如此，法国生物学家乔治.居维叶说："天才，首先是注意力。" 在正常情况下，注意力使我们的心理活动朝向某一事物，有选择地接受某些信息，而抑制其他活动和其他信息，并集中全部的心理能量用于所指向的事物。因而，良好的注意力会提高我们工作与学习的效率。注意力障碍，主要表现为无法将心理活动指向某一具体事物，或无法将全部精力集中到这一事物上来，同时无法抑制对无关事物的注意。

我在阅读这段文字时，脑子里不断闪现白豆边写作业边刷微信的画面，不禁在心里深长叹息。如今，越来越多的学校为孩子们提供了全WIFI环境，因而，在信息化时代成长的孩子在通往高一层级学习殿堂的路途中，首先要闯过的关卡，便是信息的轰炸与搅扰，这对孩子的专注力提出了极为严苛的挑战，能专注者得天下。"行拂乱其所为"，而能"动心忍性，增益其所不能"。孟子的名言在信息化时代的场景下也适用。

通常，对于孩子过早接触技术产品，成人世界有着两种不同的声音：持续的多任务会让孩子们更努力，但是更容易分神；另一种则是，年轻的时候使用技术产品会帮助他们更快地适应这个变化的世界，这会让他们终身受益。

白豆在初三时，曾被要求不许在学校使用智能手机，其中的好处自不待言，但此种做法却几乎遭到了所有孩子的吐槽。既要和谐共生，又要专注成绩，这真是一个时代的困扰与课题。

当多数孩子与家长深陷这样的困扰之中时，一部分学霸偏能轻而易举地独善其身。自我管理，自我控制的能力应该属于情商的范畴吧，基于此，谁还会判定学霸是一种高智商，低情商的物种呢？同时，当我们幸运地在这个时代成为了一个或几个孩子的家长，那么，如何培养孩子的专注力则成为为人父母者重要的必修课，这关乎一个人的成长与未来，不可轻率，也无可回避。

四十　马太效应 —— 关乎成绩和友谊

白豆上高中后，在周末的两天当中，因为周六学校有课，因而周日是白豆一周当中唯一能睡到自然醒的日子。

天气渐渐热了，刚早上七点多种，已是天光大亮。卧室里挂着窗帘也并不显得昏暗。一缕光线从窗帘的缝隙透过来，正好映在白豆合眸安睡的脸上，我连忙轻手轻脚地将窗帘合拢。转过身，白豆却已晃晃悠悠地坐了起来。

"怎么不睡了？现在刚七点。"我轻声道。

白豆听我说话，这才睁开惺忪的睡眼，"嗯，不睡了，睡多了头疼。"

这话惯常出自我的口中，如今竟被白豆学了去。我笑道："小屁孩儿，哪来那么多毛病？老气横秋的。"

这大概是白豆的托词。周末通常作业多，白豆也许是想早些起床写作业。我正思谋着如何劝她再多睡一会儿，白豆却已经完全清醒振作了起来，并一本正经地对我说："妈妈，我上了高中以后有了一个重大发现！"

这丫头，又故作惊人之语？我此时已经放弃了劝她再睡一会儿的念头，"唰唰"地扯开窗帘，开窗换气。"什么重大发现？"我回头问。

白豆已经穿好衣服下床。毕竟比平日多睡了一个小时,神完气足,话痨本性显现:"我发现了学霸之所以成为学霸,学渣儿之所以成为学渣儿的根源所在!"

"哦?愿闻其详。"白豆的话还真引发了我的兴趣。

白豆言之凿凿:"根源就在于——学习效率!"白豆面露得色。

"就这?老生常谈了,恐怕论述这个问题的文章和书都已经汗牛充栋了吧。"我笑着调侃白豆。

白豆毫不气馁,反而故作高深地说:"所以说你们大人那,看问题也常常流于表面,不求甚解,只知其一不知其二——"

"打住!你先别忙扣帽子,说说,'其一'是什么?'其二'又是什么?"我反倒来了兴致。

白豆见她的话达成了她所期待的效果,更加神气活现:"其一是——学习效率;其二嘛,"白豆顿了顿,"学习效率也存在马太效应!"

"马太效应"?这词很耳熟啊,好像是经济学方面的一个专有名词?我在大脑里费力地搜索着有关这个词的蛛丝马迹。

见我神情迷茫地沉默不语,白豆的笑容愈发灿烂:"妈妈我告诉你:假设学霸的学习效率是1而学渣的学习效率是0.1;当学霸与学霸一起学习时,他们的学习效率就变成1.2;而当学渣遇上学渣时,他们的学习效率则变成——0."白豆在"0"这个音节上加重了语气。说罢,热切地注意着我的反应。

我点头:"嗯,有些道理,能再说得详细些吗?"

白豆背起手，开始以小人得志的姿态在屋子里高视阔步："经过我长时间的观察，我发现，学霸们在自习的时候，手机就放在课桌上，却始终能心无旁骛，专心学习。只有在学习累了的时候，才会拿起手机放松一会儿，达到休息目的了，马上放下手机，又能持续学习很长一段时间，真可谓是收放自如。所以说，学霸的学习效率是1；而当两个学霸在一起学习时，两个人专注于学习的时间不一样长，当一个人觉得疲劳的时候，看到另一个人仍然全神贯注，这会激发他的好胜心——你不休息，我也不休息！于是重新投入学习中。反过来也是一样。这样总体看来，两个学霸的休息时间减少，学习时间增加——学习效率变成了1.2。"

　　"嗯，有道理哦。那学渣儿呢？"我兴致盎然地问道。

　　白豆道："昨天，我们班上一个数学不好的同学，在自习课上，把厚厚一叠数学书和卷子重重地往课桌上一摔，郑重宣布：'我要拿整整一节自习课来学数学！'这个时候，我注意到，他的手机也放在课桌上。可是，他做第一道题的时候就遇到了困难，于是，他轻易地就放弃了，拿起手机一直玩到下课。所以说，他的学习效率是0.1. 这个时候，如果有另外一个学渣儿跟他在一起学习，这种懈怠情绪相互传染影响，他们的学习效率很可能会变成0. 这，就是有关学习效率的'马太效应'。"

　　至此，白豆全面阐述了她的有关学习效率与马太效应之间的内在关联理论。

　　"水呢？水呢？"说得口干舌燥的白豆忙不迭地找水喝。

　　好像确乎是有几分道理，我坐在沙发上正默然想着，茶几上，白豆的手机发出"叮"的提示音,白豆立刻端着水杯冲了过来——"有人找我!"白豆点开手机,刚看两眼就笑逐颜开。不知道在白豆的理论中,她自己又算是哪一种类型的代表呢?我在心里自问,自叹。

吃完早饭,白豆自觉地去写作业,手机则放在客厅里。不能自律,只好"他律"了——这也是白豆的理论。

我则坐在电脑前,查阅有关"马太效应"的相关资料。

这个词出自《圣经·新约》的"马太福音"第二十五章:"凡有的,还要加给他叫他多余;没有的,连他所有的也要夺过来。"

故事是这样的:一个国王远行前,交给三个仆人每人一锭银子,吩咐道:"你们去做生意,等我回来时,再来见我。"国王回来时,第一个仆人说:"主人,你交给我的一锭银子,我已赚了10锭。"于是,国王奖励他10座城邑。第二个仆人报告:"主人,你给我的一锭银子,我已赚了5锭。"于是,国王奖励他5座城邑。第三仆人报告说:"主人,你给我的1锭银子,我一直包在手帕里,怕丢失,一直没有拿出来。"于是,国王命令将第三个仆人的1锭银子赏给第一个仆人,说:"凡是少的,就连他所有的,也要夺过来。凡是多的,还要给他,叫他多多益善。"

在这个故事中,三个仆人原先的财富是一样的,到最后却相差悬殊。差距的形成来自于两个阶段,第一个阶段是国王回来前,他们各自去做生意,这时的差距是他们自身因素(如努力)造成的;第二个阶段是国王回来后,国王对他们进行奖惩,这时的差距是外界因素使然。而第二阶段中外界因素的影响是建立在第一阶段的结果基础上的,而第一阶段的结果又取决于自身的因素,所以开始时

马太效应是由美国科学史研究者罗伯特·莫顿(Robert K. Merton)在1973年正式提出的。马太效应理论揭示了当今社会中存在的一个普遍现象：好的愈好，坏的愈坏，多的愈多，少的愈少。马太效应对于领先者来说就是一种优势的累计，强者总会更强，弱者反而更弱。

自身因素的一点小差异导致了后来的大差异，再后来，差异进一步放大，连锁传导使得马太效应产生了。

至于白豆所说的，学习效率中的马太效应，似乎说得通，又似乎还有些部分显得暗昧不明。

难道不是因为学霸因为成绩好，因而获得了更多的机会和关注，这些又使得学霸们更加出色；相反，学渣儿因为机会以及外界关注的丧失，从而愈发失败？而如白豆所说"自律"之类的主观因素，当然也是扩大差距的因素之一，主客观双重作用下，分野立现。

想想中国魏晋时期，人才的选拔任用主要考量的依据是家族名望，家族的清望令名能泽被世代，这使得许多门第之家能够绵延百世。如颖川钟氏，就从汉代的钟繇直至唐朝中叶，香火传承五百年，代有名宦。

世情若此，没有先声夺人，便要步步蹉跌。对于不通世故的孩子来说，睁开眼睛看世界的第一眼，便发现了如此残酷的真相，真是令人唏嘘啊。

正闷闷地想着，白豆的手机不时发出"嘀"的提示音。

是把手机给白豆送过去，还是为了让她专心学习而置之不理？人生处处都是选择题。

我正犹豫不决间，白豆忽然拉开门，风风火火地一路疾走着过来，一边走，一边笑道："哎呀呀，差点儿把他们给忘了！"

说着，白豆迎住我复杂的目光，嬉笑着解释道："是我那群学理科的学渣儿好朋友，他们下周要进行文科科目的会考。这些家伙们，平时没有一个重视文科的，这会儿开始着急了。我要是不帮他们，他们指定不及格！哼，我当初选文科他们还集体挤兑我，这下子知道文科的厉害了吧？瞧瞧，尤其是地理，完全是一脑袋糨糊嘛……"

白豆边说，边指点着手机微信里的信息。说罢，就立刻投入进去。一会儿是文字，一会儿是语音，实在说不明白的，白豆还手绘了图，拍照发过去……忙得不亦乐乎。

尽管忙乱，白豆却始终心情很好，甚而不时哈哈大笑，既彰显了存在感，又极富获得感。

从小到大，白豆的好朋友不算太多，但大都长情，关系稳固。小升初，初升高，白豆都更换了学校，但好朋友们仍不定期地聚会。上了高中后，她的初中同学竟不期然地组团乘坐地铁颠沛着来看她，还贴心地带来了迟到的生日礼物。当一张张熟悉的面孔同时从天而降，正苦闷于举目无亲的白豆兴奋不已，幸福难抑。

充分地付出，满满的收获；真诚的相待，暖心的回报。白豆的朋友圈在稳定地、高质量地扩展着——难道马太效应也同样适用于孩子们的友谊？

一次，白豆不无得意地对我说："妈妈，我发现学霸都没什么朋友。"

"真的吗？"我疑惑地问。

白豆笃定地说："真的。有一次，我和一个学霸一起自习。我看她把手机放在桌上，我就想，这次我也不把手机锁进柜子了，我也放桌上，学霸不动手机，我也不动，向学霸学习，培养自制力！整整一节课，人家轻而易举地做到了！一直到她把作业写完，才打开手机，我偷偷瞄了一眼，微信竟然一条消息都没有呢！"

这一点似乎不难理解，卓尔不群的学霸又能将谁引为同侪呢？

"你呢？"我的心底微微绽开了一丝笑意，"那一节课特百爪挠心吧？"

白豆老老实实地承认："是。平时把手机锁进柜子的时候也老惦记着，一下课就向柜子冲过去。"

我的脑子里立刻浮泛出白豆撒腿冲向柜子的画面。

17岁的孩子，开始构建自己的人际关系，也许她现在并不明晰地知道，这一切，都将组合进她未来的人生。

卢梭说，孩子只爱和自己天性相同的人。

白豆同道众多，尽管人生多歧路，但边种边收，此生必不至落寞孤独了吧。

马太效应，关乎成绩和友谊，既冷硬，也柔软。就如一卷慢慢推展的画轴，岁月流转，生活的本真在孩子们的眼前、心里，一点点呈现出来。

好奇心灿然生辉，双脚忙碌奔跑，他们一定无心，也无暇失望，年华正好。

四十一　抹掉眼泪就长大

周一一大早,挤地铁兼步行,刚刚挥汗如雨地赶到单位,便接到了白豆的微信:"今天早上升旗仪式时,为即将走上考场的初三加油,听着听着,我忽然内牛(泪流)满面……"之后,是一连三个捂脸的表情。

我诧异:"为什么?"

这追问,如一颗石子投入虚空,久久没有回应。凭直觉,我认为白豆此刻并没有离开手机,她也对自己的此番反应莫名所以吧。

许久,我问:"是不是想念你的那群学渣儿好朋友了?"

这次,白豆飞快地回复:"是啊。"

昨天,是可以为今天做注脚的。

初中时,白豆有些偏科,理科成绩并不出色,辛辛苦苦地在班里勉强混个中游的水平,也因此并不很入老师的法眼。到初三毕业班时,老师为了激励后进,言谈举止间,颇有些唯学霸是举的导向。底气不足的白豆也因此有些畏葸。久之,白豆便与一众境遇相仿的同学同声相和,同气相求,结为可发怨、可吐槽的好友。

考得差了,被一同叫到老师办公室补课;被请家长时,几人相互安慰，抱团取暖……

曾经，白豆绘声绘色地给我讲述她和其中一个知音好友在楼道里闲逛，忽见班主任老师神情肃杀、气场强大的迎面走来。两人竟不约而同的同时将身体转向楼道墙壁，一个假装在看墙上的画，一个低下身去装作系鞋带，配合之默契，令人叹为观止。

在父母的温情关照无法企及的校园里，白豆就浸润在这样的友情里，平安度过了她的初中、她的中考。于今天这些大城市里从小生活优渥的孩子们而言，这样的关系算得上患难之交、贫贱之交了吧？

高中，白豆换了新的学校，那一众患难之交都留在了原来的学校，他们平时只是通过微信、QQ维系着友情，善忘达观的孩子们平时的话题也多是每天应接不暇的新生活，过去的一段从此沉寂，没入了地平线之下。

自从选了自己喜欢的文科，白豆的学校生活平顺了许多，学习成绩也时有可观之处。新学校实行走班制，没有行政班，每个孩子每日的生活轨迹虽时有交叉，但更像是于人群中擦肩而过，疏离的时间更多。因此，孩子们交到知音好友的几率也大大降低。白豆虽引以为憾，但久而久之，白豆也渐渐习惯了这种独来独往、自我管理的生活，且逐步体察并开始享受这其中的种种益处——直到这个周一早晨的升旗仪式。

重又置身群体之中，在激情四溢、豪情万丈的加油鼓劲声中重温那个熟悉的时刻，过去的岁月轰然一声回到心底，那回溯的强度将白豆的心紧紧攫住，旧时光的温度将她一秒融化。是啊，是会内牛（泪流）满面吧，生命中第一次有了这样的体验。趁人不备，偷偷拭去泪水，心里是会有些东西留下来吧，关于友情，关于生活，甚或，更多。

这天，白豆给她的好朋友们发了好一阵微信，说了些什么，不得而知，但这并不重要。

在中考的前两天，今年的高考成绩开始发布，这更高一个层次的几家悲欢，带着巨大的悬念，在人们的猜测、热望、欢欣、失意中，一年一度地流转回环。这也将是两年后，我们和白豆即将面临的人生重大场景之一，但今天，我们仍是无涉利害的看客。

上了高中的白豆，每天放学后依然向我指天画地地品评时事，月旦人物，当然，这事，这人都来自她的新环境。环境改变了，可她似乎见不出丝毫的改变，甚至连身高也停滞在初中的水平。于是，我的头脑里常有一个问题萦绕：中考，除了改变孩子就读的学校，还能——或者说，应该能改变什么？

白豆告诉我，她初中时的一个好友，因中考成绩出色，顺利进入了高一实验班。高一开学后，她对自己同班的一个男生渐渐生出好感，经过长达几个月的纠结，热盼，终于等得云开见月。自此，两人在微信朋友圈里大肆秀恩爱，撒狗粮。而白豆则深为自己好友的"堕落"而忧心。果不出所料，在一次重要的大考之后，该好友连同那男生一起被调整出了实验班，且被迫劳燕分飞。这孩子似乎颇受打击，自此朋友圈沉寂。白豆有时在微信里和她聊上两句，她也只是冷淡地应付，文字极其俭省，与之前恍若两人。这孩子遭逢如此变故后所收到的冲击和压力，可以想见。

路蜿蜒，向北大——非典型学霸养成记

白豆不禁仰天长叹：早知今日，何必当初啊！哀其不幸，怒其不争啊！

是啊，中考后的孩子们在心智上似乎并未变得成熟，中考，究竟改变了什么呢？

更为常见的场景是：中考结束后，孩子们各得其所，生活立刻故态复萌。在初三被收缴的智能手机，被升级换代后重回孩子们手中，于是，上网聊天，追星、打游戏……尽情尽兴，甚至是报复式地变本加厉。暑假，乃至高一、高二的生活过得像初一、初二。而初三一年，只仿佛在静谧的水面投下了一颗石子，片刻的惊澜后，便了无印迹。

每每念及此等情状，我便在心底为孩子们中考之年所耗费的三百多个日子深为叹惋。时光珍贵，生命宝贵，如何利用中考之年，帮助孩子不仅达成升学的目的，且进一步实现他们精神的历练和心灵的化育，让中考在孩子们的成长之路上留下深阔的足迹，不负光阴，不负汗水，不负青春？换句话说，中考对于孩子们的人生意义何在，这应该是一个有价值的问题。

我喜欢看到孩子们考完试的样子，尤其是初、高中的青春期的孩子们。考试期间的他们——男生，青涩的胡茬布满了下半张脸；女生，因无暇打理而出油打绺的头发遮住了脸的上半部。虽然看不清眉宇间的神情，但他们的身形中，那一种倦怠、焦虑显露无遗。

只有考试结束后，孩子们则宛如新生一般，有着与"青春"二字相匹配的明洁清爽，不管那个时候他们是聚在一起谈论刚刚过去的考试还是NBA球星，他们关心着在他们这个年龄应该关心的话题，那一种接近于成熟的稚嫩，以及雨过天晴的神采焕然，是别的年龄段的人所不具备的。似乎，在他们的前路上，只有一次次已经结束的以及即将来临的考试，学生时代的岁月便也是以考试为标记，如水流，在两岸牢固束起的堤坝间，目不斜视、心无旁骛地流淌向前。过去在文学作品中常见的少年人对于人生的迷惘，似乎也在这一代孩子们身上消失了。放下作业，拿起手机，他们的双眼和头脑永远被碎片化地侵占着。

　　试想，如果未来的某一天，当技术的进步使得孩子们今天含辛茹苦的所学变得一无用处，那时，他们的心将何以安顿？在《未来简史》一书中，作者尤瓦尔·赫拉利提示我们：当以大数据、人工智能为代表的科学技术发展日益成熟，人类将面临从进化到智人以来最大的一次改变，绝大部分人将沦为"无价值的群体"。

　　一颗汁液充盈的内心：针刺它，它会流血；挤压它，它会收缩；用激情点燃它，它会膨胀；用理性的光辉照耀它，它会宁静深邃，表皮微微泛起思索的波纹。而眸子不能望向远方，心便会枯萎。阅读，还是阅读，高品质的阅读。在阅读中如亲历般体验人生的种种境遇；在阅读中与高贵的灵魂相遇、鸣和；在阅读中见识人情世态，找寻生命真谛；在阅读中默默地哭，在阅读中会心地笑，抹掉眼泪，在阅读中长大吧。

四十二　成人礼有感

在高三复习最紧张的当口，孩子们的成人礼来了。

其实，在这个时间节点，很多孩子尚未年满18岁。白豆距离她生理年龄的成人，还有近半年的时间。学校选择此时为孩子们举办成人礼，一来是为他们紧张枯燥的高三学习生活增添一点色彩；二来，也是以此昭示孩子们即将加之于他们的责任与考验。这一天，孩子们要在心理上"成人"。

那天恰是冬至节气，滴水成冰。

典礼在学校的体育馆举行。所有高三年级的家长被邀请到场观礼。家长们分坐在两侧的观众席上，场地中间早已整齐地摆好了一排排座椅，那是孩子们的席位，他们是今天的主角。

孩子们开始陆续入场，男生的装束清一色为西装领带；女生们则以各式裙装在这个场合大放异彩。平日看惯了孩子们的一身校服，接受了高三的他们因缺乏运动而日渐发胖，再加上倦怠的面容，长痘的脸，油腻的头发。今天的他们，展示出了少年人惊人的美丽和蓬勃旺盛的生命力。

长裙、短裙、纱裙、呢裙，各色各款；还有精心修饰的面容，优雅别致的发型，等等。男生帅气，女生艳丽。这一天，他们宣告自己成人了，这一天，青春如闪电，照亮了世界。

观众席上开始有些低抑着的骚动，我循声看去，见有负责服务的学生在向家长发放孩子们写给父母的信。

这是成人礼的规定动作：孩子给家长写一封信，表达18年来被抚养成长的感恩；家长给孩子们写一封信，以提示责任，表达劝勉之意。

正想着，白豆的信已经发到了豆爸手中，他一脸淡定地拆开信封，展开信纸。我则在场地中间努力寻找白豆的身影。

找到了，她就坐在我们看台下方不远的地方，刚从同学手里接过了一只白色信封，那是我们写给她的信。

白豆是今天的女孩子里少有的几个穿裤装的女生。之前跟她讨论成人礼的着装问题时，她执意不肯穿裙子，用她自己的话说就是"别扭"。想来她穿裙子仅限于幼儿园时期，从小学一年级到高三，12年间，基本是以校服示人。在她的意识里，她仍然只是学生，而非女性。

白豆开始安静地低头看信，这时，豆爸把手里的信塞给我，自己却起身站到了看台的栏杆前向下张望。

白豆的信是用铅笔写的，我心里不禁微微有些诧异。高三的孩子日常使用最多的是签字笔或圆珠笔，铅笔用得很少了。

铅笔浅淡的笔迹，让我瞬时想起她小时候学生生涯刚开始时，用铅笔一笔一画写字的样子，认真而稚嫩，可爱而遥远。心里不禁起了一阵波澜。

白豆在信里这样写：

亲爱的爸妈，当你们看到这封信时，我已经人模狗样地走过了成人门，勉强算是个成年人了。

从我在妈妈肚子里坐着车到妇产医院，因为胎位不正，借助现代科技九死一生，发出巨大哭声，到现在，我们一起走过了18个春秋。我知道，我从来不是个省心的孩子，小时候不爱睡觉，害得你们跟着熬夜；长大后升学之路坎坷，害得妈妈急出一大绺白发。从小就要车接车送，又不按时起床，每天把爸爸堵在早高峰龟速移动的车流中……

但你们永远愿意排除万难，将一切的平安喜乐都留给我享用，让我在别人都奔波劳苦的童年享受阳光与书籍，让我在无数拥有家庭问题的同学中感受无尽的爱与呵护，让我成为一个人格健全，学业有成的少年。

是你们成就了今天的我，一个耿直快乐，沉迷学习，日渐发胖的二傻子。成人，大概意味着要做个独当一面的大人。虽然我现在连毛衣都经常忘穿，但总有一天也会长大，会有能力过好自己的人生，你们不用太过担心，我也会一直赖在你们身边烦死你们的！

最后，祝我即将年过半百的老爸老妈身体健康，万事顺遂，未来和成年人，也就是我一起游山玩水，吃香喝辣，快乐地度过后半生！

你们的女鹅

2018年12月17日

路蜿蜒，向北大——雅典型学霸养成记

原来，我们曾经的抱怨，她都记得；我们曾经的付出，她都懂得。我不禁喉头发紧，鼻根发酸。这时，我才察觉到周围一片低低的啜泣声，妈妈们纷纷抬手拭泪，爸爸们端坐沉默，内心应该也是风雷阵阵，浪涛声声。豆爸还在凭栏而望，我忽然明白，那也是一种掩饰，从背影，能解读出18年岁月的全部内涵。

白豆此刻也看完了我写给她的信，她慢慢折起信纸，与身边的同学低声交谈了几句，然后，目光向观众席看来。

给白豆的信，我故意用了轻松调侃的笔调，一本正经地抒情加励志，总感觉做作。

老豆豆：

你们老师非要让家长给你们写封信，祝贺成人的意思。其实我是觉得，这是他们的阴谋，他们想以此给你们增加一些蒙着温情面纱的压力，最终目的还是高考成绩，切！

为了显示自己很聪明，我不打算上他这个当！再说，咱俩平时交流得十分顺畅，白天用微信，晚上 face to face，可以说是全天候无死角，用不着来这套。但是，别人都写，唯独咱不写，似乎也不好，那就随便扯扯。

说点儿啥呀？一般遇这种场合，一定会有家长十分矫情地这样写："亲爱的宝贝，感谢你这十八年来的陪伴，我们倍感幸福。"幸福倒也幸福，就是这"感谢"有问题——到底谁该感谢谁啊？整反了吧，我咋觉得应该是你感谢我们啊？要没有我们俩这十多年来累吐血的付出，你小子咋有成人的一天？诶妈，从怀孕起我就严于律己啊，以学霸的标准要求自己，那么想喝口咖啡，最后都忍了，实在熬不过去了就以大麦茶蒙骗自己的味蕾。这就是举个小栗子，类似的栗子举不胜举啊。所以我觉得，不应该是我们感谢你——即使要感谢，也得等我们老了，病了，要完蛋了，你帮我们有尊严地走完生命最后一程的时候。当然，那个时候不知道我还能不能清醒地说出"谢谢"两个字，要不现在说也行，先存着——谢谢啊！当然，我也会努力保养身体，多看书，避免得老年痴呆。争取基本健康地、头脑清醒地多陪你些年头，不过也别太麻烦我们啊。

还要说啥？哦，提到未来，就生出婚恋问题，毕竟丫头你成人了。我现在的想法是，生命是你自己的，您自己个儿看着办。活着高兴就行。但是，毕竟这是在你十七岁的时候我的想法，也保不齐在将来的某一天，我扛不住了，反悔了。那个时候，你就把这篇文字找出来，丢给我，我估计我会闭嘴，毕竟，我还是个要脸面的人，也知道诚信的重要。当然了，老年痴呆了除外。可见，头脑清醒地活着有多重要。

人生的意义，应该是这类文字题中应有之义。这个方面呢，我觉得吧，你这孩子挺假正经的，所以，类似"人生的意义在于快乐"这样肤浅的陈词滥调可能满足不了你。那就这么说吧，活得有价值，让自己被承认，这个应该靠谱。活得有价值约等于生命的意义，哪方面价值都行，咱这么虚荣的人，应该懂。

还有啥？啊，身高问题。不知道你注意到没有，咱俩一起在街上行走的时候，我经常会偷偷地拿你和身边经过的女孩子们比较，目测的结果是，一人来高，基本达标——亏得你去年长了几厘米。能再长点儿当然好，不长也没啥。我一直认为，个子矮的女生比个子太高的女生占便宜，尤其是在北方。这是我当年读书时一个锉个子南方女同学说的，我深以为然。何况，咱多健康啊，长得也不赖。

还有啊，咱家没二胎，我跟你爸没外遇，没有私生子，所以咱家所有财产将来都是你的。当然，希望那时候你混得人模狗样儿，压根瞧不上这仨瓜俩枣，哈哈。

不知道还有啥要说。一千来字了，差不多了吧？对得住您老了吧？不管咋说，今天的你对于我们老两口来说都是一个阶段性的成果，我们俩准备晚上喝点儿小酒儿，你就算了，该干嘛干嘛去吧。

爸爸 妈妈 2018年12月13日星期四

岁有风云冷暖，月有阴晴圆缺。孩子，人心是最善变的，我希望自己永远是一位潇洒的妈妈。来日方长，前路漫漫，我们一同成长吧。

落　幕

高考前夜，一向睡眠安稳妥帖的白豆失眠了。

早上，一脸倦怠的白豆担心地问我："妈妈，怎么办？我差不多一宿没睡，这怎么考试啊？"

我立刻意识到自己该说什么："没事儿，我当年高考的时候，差不多两个晚上都没怎么睡，考得也还不错啊。年轻吗，一两天不睡没关系的。再说，只有你睡不着吗？大考前能正常睡眠的没有几人能做到吧。"

白豆"哦"了一声，神色略有缓和。

早饭，豆爸特意准备了白豆爱吃的酱牛肉、绿豆粥等，顺口，好消化，败火，又兼具能量。没吃几口，白豆就开始恶心，竟干呕了起来，直到呕出了眼泪。

豆爸马上安慰："吃不下吗？没事，天气热，大家都胃口不好，能吃多少算多少。"说罢，望向我，目光里的担忧我一目了然。

考场离家不远，昨天已经提前探察过路线，一路顺风。今天的考试也能如今日的路况一般吧？我一向觉得，迷信有失读书人的身份品格，但是今天，这无厘头的念头却挥之不去。唉，是因为无法言说的担忧和无以排遣的无力感吧。

下了车,白豆挥手向我们告别,神情似乎是平静的。

这时,有人喊白豆的名字,是和她分在同一考场的女同学,白豆笑了,两人亲密地边聊边步入考场。看她似乎放松了下来,我也暗暗吁了口气。

考场外,家长云集,很多妈妈都穿了旗袍,目的绝非争奇斗艳。

考试铃还没打响,我就已经心焦得耐不得。我跟豆爸商量,去那所京城最著名的中学去看看,每年高考,那里都能吸引最多媒体的关注。

果不其然,这所全国知名的中学门口,人声鼎沸,彩旗、喷泉,统一着装的老师,以及持着话筒,扛着摄像机的记者,使得一场考试变成了一场大型的盛典。

身穿这所学校校服的孩子们在众目睽睽之下,顺序通过安检门,脸上写满自信。我意识到,他们都将是白豆在这场角逐中最强有力的竞争者,立刻,我感到心脏皱缩起来。

这时,我身前一对父母经过,我听到父亲在问:"她今天早上又'欧欧'了没有?"他们的步速很快,我没能听清妈妈的回答。但我立刻明白了'欧欧'的意思,原来如此,概莫能外啊,我紧缩的心略略松弛了下来。

两天的考试很快过去。

网上又开始出现有关各省语文大作文题目的各种讨论,一些社会辅导机构也第一时间发布了各科的答案。高考作为社会热点,照例是要喧嚣一阵子。

等待出分的日子，白豆很平静，并告诉我们她并没上网对答案。

有时，看着我们绞尽脑汁，煞费苦心地旁敲侧击，白豆只略略地说数学哪道题错了，地理哪些选择题拿不准。

小心翼翼地试探了几次，白豆的回答基本相同。豆爸于是据此判断她考得不错。我则偷偷地上网百度了那几道拿不准的地理题，似乎白豆的答案基本正确。

出分前一夜，白豆睡得踏实，我则一夜无眠。

第二天，中午出分。我整整一上午都坐卧不宁。毕竟长了三岁，白豆并未像中考出分那天竟至紧张得崩溃大哭，只是把自己关在屋子里，很是安静，安静得令人不安。

接近中午时，白豆猛地开门冲出来，大声道："老师把一分一段表发群里了！"

我明白，一分一段表，能准确标明考生在全市的排位，也是决定考生能上哪个档次学校的重要依据。

"可以查分了！"微信群里有人惊呼。

白豆迅速登录网页，分数赫然在目。

对照一分一段表，我们瞬时明白，白豆进入中国最顶尖的学府——北京大学，几可确定。

从高考结束到此时此刻，半个月的时间，白豆第一次笑出了声，笑得如此酣畅，如此没心没肺，让我想起了她小的时候那些混沌时光。

我的内心似乎并没有感受到太多的喜悦，只是，放心了。

结束了。

昨夜星辰昨夜风，今天，一切都不同了。

十二年的艰辛鏖战，一朝落幕。

我站在镜子前，十二年了，似乎从来没有如此认真地端详过自己；似乎也没有认真地为自己挑选过一件衣服。孩子是一切的核心，她是目的，是生命的节律，统摄全家的所有。在此前提下，我们自己的生活，忙乱而粗糙。

此时揽镜自顾——也已是"高堂明镜悲白发，朝如青丝暮成雪"。经年一瞬，不禁五味杂陈，悲喜交加。

尘埃落定后，我才又看到了自己。

生命实际上是一种状态的流转过程。上一个生命状态结束了，下一个状态该是什么呢？

对孩子，对我，这都是要思索追问的。

大学新生报到的日子是八月中旬，暑热难当的一天。

考虑到学校周边停车困难，我们决定打车前往。

之前准备白豆的行李很花了些精力。虽然学校离家不远，但因为这是白豆18年来第一次住校，所以大到被褥、床垫，小到挂钩、垃圾袋，我都一并置办齐全，打包成三件行李，豆爸手提两件，我提一件，白豆仍然背着她那高中时使用的双肩背书包，勉强附会上出门求学的意义，也算是件小小的行囊。

出租车司机把车停在路边，主动帮我们把行李放进后备厢。

上车后，司机问："孩子上高中了吧，这是送她去军训吗？"

我暗笑，白豆晚熟，个矮面嫩，总能引起这样的误会。

白豆立即申明："我高中毕业了，我都上大学了，今天是去大学报到！"特意强调了两遍"大学"。

司机师傅又从后视镜里端详了白豆一番，自语道："是吗？看着像个中学生啊……"

到达学校门口，艳阳下，彩旌舞动，人群熙攘，迎新的气氛十分热烈。

家长们手提肩扛着大大小小的行李，志得意满，笑容灿烂，陪着自己的孩子，不断涌进校园。门口的保安看似经验丰富，虽不逐个查验身份，但目光如炬，想蒙混进去却也不易。果然。

我和豆爸顺利步入学校大门，忽听身后保安操着一口河北口音问："哎哎，你干啥去？"我回头看去，见是白豆被拦。在区区几公里的报到途中，白豆两次被质疑身份，一时竟不知所措，习惯性地用目光向我求助。

我连忙把手里的行李袋塞进豆爸的手里，腾出手从手提袋里向外掏白豆的录取通知书，通知书刚露出一角，保安已然明白，抬手放行。

进门后，豆爸调侃白豆："哎，人家是不是以为你是附中的？"

白豆纵了纵鼻子："切，瞧不起人！"

在一顶遮阳棚里，我们放下行李暂歇。我开始打量身边经过的新生们。这些从千军万马中冲杀出来的孩子，个个骁勇，实力不容小觑啊。大学生活尚未开始，我已经开始担心白豆的未来。一股熟悉的，似乎已经远去的紧张感再次攫住了我的心头。我省察到自己内心的变化，反躬自问：又要开始焦虑了吗？孩子都上了大学……

是啊，似乎没有了紧张焦虑的理由，但分明那情绪并未远去，只是失去了可以附着的理由，变得无处安放。

山高路远,少年健行。

按照学校要求，学生需独自办理报到的各项手续。

白豆也随着一群新生，走向报到处。人群中，骄阳下，白豆背着象征性行囊的背影瘦小、稚嫩。她走向远处，又拾级而上，一级，两级，三级……此后，这个画面长久地定格在我的脑海里，这似乎是一种隐喻，我只能从身后望着她的背影远去，这样的目光没有热度，也没有分量，不再能够作用于一个我们无比珍惜热爱的生命，她的成长与成熟留给岁月，对于未来，不确定的是所得，是方向，可确定的是艰辛、迷茫，甚至泪水。

我目不转睛地看着她，任凭心绪冲折跌宕。

山高路远，少年健行。